R. Pischel

Rudrata's Crngaratilaka and Ruyyaka's Sahrdayalila

R. Pischel

Rudrata's Crngaratilaka and Ruyyaka's Sahrdayalila

ISBN/EAN: 9783337130251

Printed in Europe, USA, Canada, Australia, Japan

Cover: Foto ©ninafisch / pixelio.de

More available books at **www.hansebooks.com**

RUDRAṬA'S ÇṚṄGÂRATILAKA

AND

RUYYAKA'S SAHṚDAYALÎLÂ

WITH AN INTRODUCTION AND NOTES

EDITED BY

Dr. R. PISCHEL

PROFESSOR OF SANSKRIT IN THE UNIVERSITY OF HALLE A/S.

Kiel,

C. F. Haeseler.

1886.

London, Trübner & Co. | Paris, Ernest Leroux. | Benares, E. J. Lazarus & Co.

TO

F. MAX MÜLLER

IN GRATEFUL ACKNOWLEDGEMENT

OF

ALL THAT HE OWES TO HIM

THIS VOLUME IS DEDICATED

BY

THE EDITOR.

Amongst the Indian rhetoricians *Rudraṭa* occupies a prominent place both by his age and the value of his works. Of these two are known, the *Kâvyâlaṁkâra* and the *Çṛṅgâratilaka*, and as all the quotations from Rudraṭa I have come upon, with few exceptions probably due to an inadvertence of the writers, are actually found in either of these two, Rudraṭa perhaps did not compose any other work.

A shorter form of the name Rudraṭa is *Rudra*, and a longer one *Rudrabhaṭṭa*, *Rudrabhaṭa* or *Bhaṭṭarudra* [1]), and since the names Rudra and Rudrabhaṭṭa are frequently met with in Indian literature, it is at present impossible to make out with certainty the exact number of works of the famous rhetorician. After examining, however, the numerous Reports, Catalogues and Lists of Sanskrit MSS. accessible to me, I am of opinion, that of all the Rudras and Rudrabhaṭṭas hitherto known, there is none who with any probability might be identified with our author.

All we know of *Rudraṭa's* parentage and circumstances is contained in the stanza Kâvyâlaṁkâra 5, 15 already pointed out by Prof. Bühler [2]):

शतानन्दापराख्येन भट्टवामुकसूनुना ।
साधितं रुद्रटेनेदं सामाजा धीमतां हितम् ॥

From this we learn that he was the son of one Bhaṭṭavâmuka, that he himself was also called Çatânanda, and that he was a follower of the Sâmaveda, if we are allowed to trust to the interpretation of the word *sâmâj* given by the commentator Nami. From Kâvyâlaṁkâra 1, 2. 9 (*Peterson*, Report for 1882/83 p. 18) and Çṛṅgâratilaka 1, 1 we are further apprised, that he was a follower of Çiva, a fact which is intimated already by his name; and from Çṛṅ-

[1]) Compare below the colophons of the single adhyâyas, *Aufrecht*, ZDMG. 27, p. 80. *Weber*, Indische Studien 16, p. 5.

[2]) Detailed Report, Bombay 1877 p. 67; cfr. *Peterson*, Report for 1882/83 p. 15 note.

gârat. 1, 129 ff. (cfr. 1, 7) we must conclude that he was a great admirer of courtesans, though possibly there holds good of him also what Professor Peterson is inclined to suppose of Râjaçekhara, viz. „that perhaps he was not such a rake as he professes to be." [1]) That he was a native of Kaçmîr, seems certain from obvious reasons.

In order to fix the time of *Rudraṭa*, it is necessary to settle the question as to the authorship of the examples occuring in his works. *Bühler* has already remarked that in no case has the source been given (Det. Report p. 67), and *Peterson* has expressed the view that they are possibly of the same authorship as the rest of the book (Report p. 19). This at least, he thinks, was the opinion of the writer of his MS. in which rules and illustrations are numbered consecutively. The same is the case in the Pûṇa MS. Bühler, Det. Rep. No. 248. That *Rudraṭa* is an old author, is unquestionable. He himself quotes only *Bharata* (Çṛṅgârat. 1, 5) and from this very stanza it becomes evident that he had not too many predecessors in his particular department. In his commentary on Kâvyâl. 1, 2 Nami names as older rhetoricians: *Daṇḍin, Medhâvin, Hari, Bhâmaha and others*; *Vidyânâtha* in the Pratâparudrîya 1, 11 (ed. Madras 1868) quotes *Rudraṭa* after *Daṇḍin, Bhâmaha* „the old one" (*tad uktaṁ prâcâ Bhâmahena*), *Udbhaṭa* [2]). *Ruyyaka*, when speaking of the *cirantanâlaṁkârakârâs*, cites him after *Bhâmaha* and *Udbhaṭa* (Alaṁkârasarvasva MS. Bühler Det. Rep. No. 237 fol. 1 and *Ananta* on Bhânudatta's Rasamañjarî (MS. Bhandarkar Report for 1882/83 No. 215 fol. 2b reckons him amongst „the old ones" (*prâñcaḥ*). Now it is a fact that the old rhetoricians, like the old writers on metrics, illustrated their rules by examples composed by themselves. Thus we learn from Pratîhârendurâja, that *Udbhaṭa* in his Kâvyâlaṁkârasaṁgraha, an extract from his larger work, a commentary on Bhâmaha (Bhâmahavivaraṇa), took all his examples from his own work, a Kumârasaṁbhava (MS. Kielhorn Report Bombay 1881 p. 87 No. 64

---

[1]) The Auchityâlaṁkâra of Kshemendra Bombay 1885 p. 29.

[2]) I cannot find the quotation itself in Rudraṭa's works.

fol. 11; cfr. Bühler, Det. Rep. p. 65). That *Bhâmaha* likewise cited his own stanzas, we may gather from Pratîhârendurâja fol. 45: यत्र तु पदार्थसमन्वय उपमानोपमेयभावकल्पनया स्वात्मानमुपपादयति तस्य विदर्शनाभेद-स्योदाहरणमुद्भटपुस्तके न दृश्यते । तस्य तु भामहोदितमिदमुदाहरणम् ।

अयं मन्दद्युतिर्भास्वानस्तं प्रति यियासति ।
उदयः पतनायेति श्रीमतो बोधयन्नरान् ॥

The same example is adduced by Abhinavagupta in his gloss on Ânandavardhana's Sahṛdayâloka (MS. Bühler Det. Rep. No. 257) fol. 284^b where he largely quotes from Bhâmaha. At fol. 65^b Abhinavagupta gives as Bhâmaha's example the following verse (भामहेनाप्युदाहृतम्):

गृहेष्वध्वसु वा नान्नं भुङ्क्महे यदधीतिनो [1])

As Abhinavagupta goes on to say: विप्रा न भुञ्जत इति । एतद्धि भगवद्वासुदेववचनं पर्यायेण रसदानं निषेधति । वत्स एवाह । तत्र रसदाननिवृत्तय इति ॥ it becomes probable that the verse is of Bhâmaha's own authorship. Other stanzas of Bhâmaha have been published by Professor *Aufrecht*, Indische Studien 16, 207 f., so that there can be no doubt that he like Udbhaṭa was a poet also [2]). *Vâmana* directly informs us that a part of his illustrations has been composed by himself (Kâvyâlaṁkâravṛtti 4, 3, 33). Of *Daṇḍin* this is in a great many cases evident from the way in which rules and examples are connected with each other. We have besides other proofs. Çârṅgadhara in his Paddhati quotes no less than 17 examples of the Kâvyâdarça under the very name of Daṇḍin [3]) and so does Pratîhârendurâja, who fol. 20 adduces as Daṇḍin's Kâvyâd. 2, 362, Appayadîkṣita in the Kuvalayânanda, who p. 15^a (ed. Benares saṁvat 1928) cites Kâvyâd. 2, 36 and p. 49^a Kd. 2, 341, and Bâlakṛṣṇa in the Alaṁkârasâra who fol. 46^b (MS. Lists of 1881/82 No. 23) quotes Kâvyâd. 2, 52. 53. 55. Aufrecht (Catalogus p. 204^a) is also of opinion that Daṇḍin

---

[1]) All three MSS. have भुञ्ज्महे and °तिनो

[2]) Of Udbhaṭa and Bhâmaha two stanzas are also quoted in Vallabhadeva's Subhâṣitâvali.

[3]) *Aufrecht*, ZDMG. 27, 34 f. The example *lîlâsmitena çucinâ* stands Kâvyâd. 3, 43.

composed his examples himself. Even late rhetoricians availed themselves of the opportunity of showing their skill in making verses. Thus the older Vâgbhaṭa, Bhânudatta in the Rasamañjarî and the Rasataraṅgiṇî (with the exception of a few stanzas by his father), Jagannâtha in the Rasagaṅgâdhara (cfr. 1, 6), Vidyânâtha in the Pratâparudrîya, Karṇapûra in the Alaṁkârakaustubha, and with one exception Jayadeva in the Candrâloka, illustrate their rules exclusively by their own verses and nearly all the rhetoricians known to me like to display in some way or other their proficiency as poets. Verses of their own are cited by Ânandavardhana in his Sahṛdayâloka and by Abhinavagupta in his commentary thereon, by Dhanika in his commentary on the Daçarûpa, Kṣemendra in the Kavikaṇṭhâbharaṇa and the Aucityâlaṁkâra, Ruyyaka in the Alaṁkârasarvasva, the younger Vâgbhaṭa in the Alaṁkâratilaka, Viçvanâtha in the Sâhityadarpaṇa, Bâlakṛṣṇa in the Alaṁkârasâra, Appayadîkṣita in the Kuvalayânanda, Kavicandra in the Kâvyacandrikâ and others.

It is therefore probable, that *Rudraṭa* was no exception to the rule. Now Çârṅgadhara in his Paddhati quotes 16 stanzas under Rudraṭa's name, which are all found in the Kâvyâlaṁkâra or the Çṛṅgâratilaka [1]). Many of the later rhetoricians, without naming Rudraṭa, make use of his illustrations in a manner which is not very far from downright plagiarism, and which at all events shows that those illustrations were regarded as standard examples. In the ninth and tenth ullâsa of the Kâvyaprakâça for instance, where Rudraṭa is cited by name only at p. 243 (= Kâvyâl. 4, 32) the following examples are taken from his Kâvyâlaṁkâra: Kâvyaprak. p. 233 all three examples = Kâvyâl. 10, 27. 3, 15. 18; p. 235 sasâra = Kl. 3, 35; p. 249 both examples = Kl. 5, 6. 7; p. 250 = Kl. 5, 20; p. 253 = Kl. 5, 21; p. 286 kisalaya° = Kl. 8, 50; p. 299 tvayi = Kl. 8, 95; p. 302 kṣîṇaḥ = Kl. 7, 90; p. 319 tad idam = Kl.

---

[1]) *Aufrecht*, ZDMG. 27, p. 80 f. and my remarks ibid. 39, 314. Of the 9 stanzas quoted from Rudraṭa in the Subhâṣitâvali I cannot find the one *muñcata guṇâbhimânam* in R.'s works.

7, 104; p. 321 vidalita° = Kl. 7, 28. p. 327 kauṭilyaṁ = Kl. 7, 81; p. 328 avirala° = Kl. 7, 83; p. 331 râjye = Kl. 7, 97; p. 335 ânandam = Kl. 9, 47; p. 343 garvam = Kl. 8, 78; p. 346 divam = Kl. 9, 6; p. 361 bhaṇa = Kl. 2, 22. To the same degree *Rudraṭa* has been laid under contribution in the fourth pariccheda of the Sarasvatîkaṇṭhâbharaṇa, in the fifth and sixth adhyâya of the Alaṁkâracûḍâmaṇi, in the tenth pariccheda of the Sâhityadarpaṇa, in the third and fourth adhyâya of the Alaṁkâratilaka, in Ruyyaka's Alaṁkârasarvasva, in Çobhâkara's Alaṁkâraratnâkara and so on. I hardly believe that all these later writers would have used Rudraṭa's examples to such an extent, had they not looked at them as typical, which again would not have been the case, if he himself had taken them from other authors; for that Rudraṭa and no other is their source, is unquestionable. At Çṛṅgârat. 1, 3 he calls this work a poem (kâvya) and 1, 4 he places those who bring together the boundless sport of Sarasvatî in two or three verses, on the same level with those whose mind is not shaken by the arrows of the side looks of joyful women, and with those who have served as a boat to men, agitated by falling into the ocean of saṁsâra. That here he alludes to his illustrations seems to me beyond doubt, and the tenor of 1, 42 also serves to confirm his authorship of the examples. Many of Rudraṭa's examples in the Kâvyâlaṁkâra and still more those in the Çṛṅgâratilaka are of high poetical merit. Indeed, putting aside the rules, the Çṛṅgâratilaka reads exactly like the Amaruçataka which I think we do not yet possess in its original shape.

William *Taylor* in his curiously unscientific, but not at all useless Catalogue Raisonné Madras 1857—62 Vol. I, p. 343. 345. II, p. 56. 57. 58. 201. 368 mentions an Amarûka „by Amarûka or as some say, by Çaṅkarâcârya" and two commentaries thereon a Rasamañjarî and a Çṛṅgâradîpikâ, and from his description of the work (compare especially I, 345. II, 201) it is obvious that it treated of the same subject as Rudraṭa's Çṛṅgâratilaka. This is by no means improbable; from this point of view the seeming incoherence of the single stanzas becomes at once intelligible. According to Taylor the work first treats of the *mugdhâ* and the very first stanza of our Amaruçataka after the maṅgalâcaraṇa is an address to the *mugdhâ*. With the help of the Çṛṅgâratilaka it is now possible to assign to many stanzas of the Amaruçataka their original purpose, especially as a good many of Rudraṭa's udâharaṇas are but imitations of Amaruka's stanzas, some, as mentioned in the Notes, mere copies. Ananta on the Rasamañjarî fol. 19^b quotes Amaruç. st. 53 (bâle nâtha) and calls it „an old illustration" (prâcînodâharaṇam) of the kind of nâyikâ named *dhîrâdhîrâ*; and for the same purpose it is cited in the Daçarûpâvaloka p. 78, Alaṁkâracûḍâmaṇi fol. 43^b, Sâhityad. p. 43, and it has been copied by Rudraṭa Çṛṅgârat. 1, 159. In those parts of their works, which treat of the nâyakas and the nâyikâs, the rhetoricians quote no author more frequently in proof of their rules than Amaruka; cfr. for instance Sâhityad. p. 39 ff. Daçarûpa p. 75 ff. Because of the stanza प्रस्थानं वलयैः कृतं = Amaruç. st. 31 Bhânudatta in the Rasamañjarî sets up a ninth kind of heroines, the *proṣyatpatikâ*. I have no doubt that, if searched for, the original Amaruçataka may still turn up one day or other, though it was current in its present form already in the ninth century [1]). A stanza which is complete in itself and not connected with others, is called by the rhetoricians *muktakam* or *muktakaḥ* (scil. çlokaḥ); cfr. Ânandavardhana Sahṛdayâloka fol. 189^a f. [2]), Kâvyâdarça 1, 13 with the commentary in Aufrecht's Catalogus p. 203^b note 2, Sâhityad. 558. Agnipurâṇa 336, 36. To this kind of poetry also belong Amaruka's stanzas and Ânandavardhana fol. 190^b makes on them the following remark: मुक्तकेषु हि प्रबन्धेष्विव रसबन्धाभिनिवेशिनः कवयो दृश्यन्ते । तथा ह्यमरुकस्य मुक्तकाः शृङ्गाररसस्यन्दिनः प्रबन्धायमानाः प्रसिद्धा एव ॥ „In the

[1]) Where the MSS. described by W. Taylor are now preserved, I do not know.

[2]) यतः काव्यस्य प्रभेदा मुक्तकं संस्कृतप्राकृतापभ्रंशनिबद्धं संदानितविशेषककलापककुलकानि पर्यायबन्धः परिकथा सकलकथाखण्डकथे सर्गबन्धोऽभिनेयार्थमाख्यायिका कथा । इत्येवमादयः ॥ On which Abhinavagupta comments: मुक्तकमिति । मुक्तमन्येन नालिङ्गितम् । तस्य संज्ञायां कः । तेन स्वतन्त्रतया परिसमाप्तनिराकाङ्क्षार्थमपि प्रबन्धमध्यवर्ति मुक्तकमित्युच्यते ॥ .....

detached verses poets are seen carrying through as a tie the rasas (in the same manner) as in the connected compositions; for it is generally known that Amaruka's detached verses are flowing with the rasa „love" and (by this) look like a connected composition". From this it is evident that already in Ânandavardhana's time the Amaruçataka had been brought into its present shape, but as centuries intervene between Amaruka and Ânandavardhana, this cannot militate against the hypothesis started in the above.

The Bhaṭṭikâvya is another example of a poem composed with a view to instruction, and a third is Ânandavardhana's Prâkrit poem Viṣamabâṇalîlâ. At fol. 326ᵃ Ânandavardhana expatiates on the practice of poets to personify inanimate beings like the Himâlaya in the Kumârasaṁbhava, and on this occasion he remarks: प्रसिद्धश्चायं सत्कवीनां मार्गः । इदं च प्रस्थानं कविव्युत्पत्तये विषमबाणलीलायां सप्रपञ्चं दर्शितम् ।[1]) This shows that Ânandavardhana took regard of „the instruction of poets".

Considering all this we cannot, I think, doubt that the illustrations are Rudraṭa's own composition and that therefore we are entitled to use them for chronological purposes. Now the oldest writer as yet known who quotes some of them is Pratîhârendurâja who at fol. 25 cites the example त्वयि दृष्ट एव (Kâvyaprakâça p. 299) = Kâvyâl. 8, 95 and at fol. 31 the example:

कण्ठस्थलहिमकनकरुचः सुपर्णवृषहंसवाहनाः शं वः ।
जलनिधिगिरिपद्मस्था हरिहरचतुरानना ददतु ॥

= Kâvyâl. 7, 36[2]). Pratîhârendurâja's time we are pretty sure of from his statement that he was a pupil of *Mukula*. At stanza 3 of the introduction to his commentary on Udbhaṭa he says:

विद्वदग्र्यान्मुकुलकादधिगम्य[3]) विविच्यते ।
प्रतीहारेन्दुराजेन काव्यालंकारसंग्रहः ॥

and at the end fol. 62 he praises his teacher in the following stanza:

मीमांसासारमेघात्पदजलधिविधोस्तर्कमाणिक्यकोशा-

---

[1]) cfr. fol. 301ᵇ सर्वमेतच्च महाकवीनां काव्येषु दृश्यते । अस्माभिरपि स्वेषु काव्यप्रबन्धेषु यथायथं दर्शितमेव । Abhinavagupta: स्वेष्विति । विषमबाणलीलादिषु ।

[2]) Also quoted by Ruyyaka, Alaṁkârasarvasva fol. 78ᵇ where against metre the reading °गिरिकमलासना is given.

[3]) MS. °मुकल°

त्साहित्यश्रीमुरारेर्बुधकुसुममधोः सौरिपादाब्जभृङ्गात् ।
श्रुत्वा सौजन्यसिन्धोर्द्विजवरमुकुलात्कीर्तिवल्ल्यालवाला-
त्काव्यालंकारसारे लघुविवृतिमधात्कौङ्कणः [1]) श्रीन्दुराजः ॥

„Indurâja a native of the Konkâṇ composed this short commentary on the Kâvyâlaṁkârasâra (by Udbhaṭa) having been a pupil of *Mukula*, the best of the twice-born, who is a cloud of the rain „Mîmâṁsâ“, a moon of the ocean „Grammar“, a chest of the ruby „Logic“, a Viṣṇu of the Çrî „Poetry“, a honey of the flower „Mercury“, a bee of the footlotos „Saturn“ [2]), a stream of benevolence, a water-basin of the creeper „Fame“. — Mukula was a son of *Bhaṭṭakallaṭa*, as he states in the colophon of his Abhidhâvṛttamâtṛkâ (Bühler, Det. Report p. CXXVIII) and *Kallaṭa*, as pointed out by Bühler (l. c. p. 66) is said in the Râjataraṅgiṇî to have lived in the reign of Avantivarman (855—884 A. D.). Granting the correctness of Kalhaṇa's statement, Mukula must have flourished in the first half of the tenth century and hence Pratîhârendurâja about the middle of it [3]). If we take into account that Rudraṭa at this time was already regarded as a standard writer, he cannot be younger than the middle of the ninth century. To the same date points the time of his commentator Nami, who compiled his work from older commentaries in A.D. 1069 (Peterson, Report for 1882/83 p. 16 f.).

Nami, as mentioned above, names as older rhetoricians Daṇḍin, Medhâvin, Hari and Bhâmaha. Of *Medhâvin*, whom Nami mentions again at fol. 178ᵃ, nothing at all is known. *Hari's* work was written in Prâkrit, as we learn from the only quotation as yet come to light in Nami's commentary fol. 23ᵇ, where he says that according to Hari there are eight kinds of anuprâsa: अष्टौ हरिणोक्ता । यथा

---

[1]) MS. लघुवृत्तिम°

[2]) If I understand the last two compounds correctly, they probably mean that Mukula was proficient in astronomy and astrology.

[3]) Whether Pratîhârendurâja is identical with Bhaṭṭendurâja, the teacher of Abhinavagupta, I have no means to decide. Chronology speaks in favour of it. Of Bhaṭṭendurâja Abhinavagupta cites also Prâkrit stanzas.

महुरं फरुसं कोमलमोजस्सिं निट्ठुरं च ललियं च ।
गम्भीरं सामन्नं च अट्ठ भणितीउ नायव्वा ॥ [1])

A rhetorician *Hari* is mentioned by Kumârasvâmin on the Pratâparudrîya p. 296, 8. 302, 22, but he is probably the author of the Rasanirûpaṇa who with his full name *Naraharisûri* is cited p. 186, 23; 244, 26, and since the quotations from him are in Sanskrit, it remains doubtful whether he can be identified with Nami's Hari. *Bhâmaha's* time is only so far fixed as Udbhaṭa who lived under Jayâpîḍa (779—813 A. D.) wrote a commentary on Bhâmaha [2]). How far back Bhâmaha is to be dated,. I am at a loss to say; his work was written in çlokas.

Daṇḍin's time is now generally assumed to have been the sixth or seventh century A. D. [3]) Kâvyâd. 1, 2 he speaks of pûrvaçâstrâṇi and 2, 2 of pûrvâcâryâs, who have treated of what the alaṁkâras have in common, while he intends to illustrate them in detail [4]). At 1, 12 he mentions a Chandoviciti, 1, 34 the Setubandha and 1, 38 the Bṛhatkathâ, and Harinâtha informs us that Daṇḍin in his rules followed Bhâmaha [5]). About his literary activity opinions are still at variance. Râjaçekhara in a stanza quoted in the Çârṅgadhara-

---

[1]) I take this opportunity of remarking that there is probably not so total a blanc between the first century B. C. and the third century A. D. as Max Müller is inclined to state. Between the Vedic Literature and the Renaissance of Sanskrit Literature there lies a great mass of *Prâkrit* Literature, which I trust, is not lost, but will come to light if searched for. Many a famous Sanskrit work will, I think, turn out to be an imitation of a Prâkrit original.

[2]) Pratîhârendurâja fol. 10: भामहविवरणे भट्टोद्भटेन एकदेशशब्द एवं व्याख्यातो यथेहास्माभिर्निरूपितः । A Bhâmahavivaraṇa is also mentioned by Abhinavagupta on Sahṛdayâloka fol. 214^b.

[3]) *Weber*, Indische Streifen 1, 312 ff. Max *Müller*, India, what can it teach us (transl. by Cappeller) p. 286. That the Setubandha is a work of Kâlidâsa is by no means proved and quite improbable.

[4]) The reading *pratisaṁhartum* instead of *pratisaṁskartum* given by *Aufrecht*, Catalog. p. 204^a is hardly correct in spite of Kâvyâd. 1, 2.

[5]) *Aufrecht*, Catalog. p. 206^b.

paddhati (ZDMG. 27, 34) says that „three works of Daṇḍin are famous in the three worlds". Two of these are generally known: the *Kâvyâdarça* and the *Daçakumâracarita*, the third is to be found out. Premacandra Tarkavâgîça in the bhûmikâ of his edition of the Kâvyâdarça ascribes to Daṇḍin the Kalâpariccheda, the Chandoviciti „and a great many other works" and in his commentary on Kd. 1, 12 he starts the opinion that by the Chandoviciti mentioned there, is meant either the work of Çeṣa (i. e. Piṅgala) and others or a work of Daṇḍin bearing this name. Likewise Raṅganâtha in the bhûmikâ of Jibananda's edition of the Mallikâmâruta Calcutta 1878 p. 1 attributes to Daṇḍin besides the Mallikâmâruta itself, the Chandoviciti, the Kâvyâdarça, the Daçakumâracarita „and other extraordinary works". Of European scholars Professor *Jacobi* has pleaded in favour of Daṇḍin's authorship of the Chandoviciti [1]). However, I do not believe that in this he is right. In two of the passages adduced by Professor Böhtlingk in his Dictionaries viz. Âpastamba Dharmasûtra 2, 8, 11 and gaṇa on Pâṇini 4, 3, 73 no special work can be meant; there chandoviciti is without any doubt a general term for metrics, as Bühler has correctly translated it (Sacred Books of the East Vol. II, p. 120). The same holds good of the passage from Kedârabhaṭṭa quoted by Professor Weber (Indische Studien 8, p. 430; cfr. p. 84) and nothing is to be gained from the third passage adduced by Böhtlingk viz. Varâhamihira, Bṛhatsaṁhitâ 104, 64. Nor is it beyond all doubt that Daṇḍin Kâvyâd. 1, 12 and Vâmana 1, 3, 7 refer to a special work called Chandoviciti. Daṇḍin terms it a *science* (vidyâ) and Vâmana paraphrases it quite generally by *chandaḥçâstra*, which they would hardly have done if they had had in view a definite treatise. If, however, this was the case, the work they referred to was the sixteenth chapter of the Bhâratîyanâṭyaçâstra, which in South Indian MSS. bears the name of Chandoviciti and which under this name has been published by Regnaud [2]). This is proved

---

[1]) Indische Studien 17, p. 447.

[2]) La Métrique de Bharata Paris 1880. cfr. *Heymann*, Nach-

by Subandhu who lived about the same time as Daṇḍin and Vâmana. At Vâsavadattâ p. 235, 1, in a passage full of quibbles, Subandhu says of the heroine, that she had „a thin waist shining like the Chandoviciti": *Chandoviċitim iva bhrâjamânatanumadhyâm*. Here the words *tanumadhyâ* are an allusion to the first metre described in the Bhâratîyacchandoviciti, actually bearing this name (Regnaud l. c. p. 17) [1]. The Chandoviciti therefore must be struck out of the number of Daṇḍin's works. — Nor can the *Mallikâmâruta* be attributed to the old Daṇḍin. It is not necessary to refute in detail the reasons for which the writer of the bhûmikâ of the Calcutta edition ascribes this play to our Daṇḍin; the author himself has settled the question completely. From p. 9, 3. 14, 6. 15, 14. 66, 15. 338, 11 it is evident, that the proper name of the author of the Mallikâmâruta is *Uddaṇḍa* (or probably *Uddaṇḍin*) and that *Daṇḍin* (p. 16, 6. 66, 13. 338, 9) is but an abbreviation. *Uddaṇḍî* he is called by Professor Oppert, Lists 1, p. 476 No. 6115, *Uddaṇḍakavi* by Gough, Papers p. 188 No. 585 and by Lewis Rice, Catalogue (Bangalore 1884) No. 2402, while under No. 2403 the shorter form Daṇḍî is given. Dr. Burnell (Classified Index p. 170) calls the author Raṅganâtha, which according to the edition (p. 12, 10) is the name of Uddaṇḍin's father.

To a Daṇḍin is further ascribed the Anâmayastotra (Taylor, Catalogue 2, 79) or Anâmayastava (Oppert, Lists 1, p. 513 No. 6859), and the Kalâpariccheda (Premacandra Tarkavâgîça in the bhûmikâ to

---

richten von der königlichen Gesellschaft der Wissenschaften zu Göttingen 1874 p. 92. In Hall's Devanâgarî MS. (Heymann's MS. B) and in the two Pûṇa MSS. the tract on metrics forms the 15th chapter and in B is called Chandovidhâna, in the Pûṇa MSS. Chandovṛttavidhi.

[1]) On the metre *tanumadhyâ* cfr. Ind. Stud. 8, 365 f. — *Oppert*, Lists 2 p. 573 No. 10133 mentions a Chandoviciti by Patañjali. With this short notice nothing is to be done and I may be allowed to remark that such Lists as these, useful as they may be in some case or other, in the whole hardly pay the expenses.

the Kâvyâdarça). Taylor also mentions a Daṇḍi — alaṁkâra in Tamil language and informs us that Daṇḍin has the „traditionary reputation in the peninsula of having been ubhayakavi or a poet in two languages, the Sanskrit and the Tamil“ (Catalogue 3, 2. 783). How far this concerns the old Daṇḍin, I have no means to verify, but that he is meant, seems certain. It is perhaps worth while to point out that according to Mallikâmâruta p. 15, 13 *Uddaṇḍin* was proficient in six languages.

That neither the Anâmayastotra nor the Kalâpariccheda is Daṇḍin's third work „famous in the three worlds“, would be best proved, if we could show that there exists another work which has a better claim to Daṇḍin's authorship. And this, I think, can be done with a tolerable amount of certainty.

At Kâvyâdarça 2, 362 Daṇḍin gives the following example of the figure *samakakṣatâsaṁkîrṇa* i. e. a stanza where more than one alaṁkâra occurs, the one of which is not merely auxiliary to the other, but independent and equivalent:

लिम्पतीव तमो ऽङ्गानि वर्षतीवाञ्जनं नभः ।
असत्पुरुषसेवेव दृष्टिर्निष्फलतां गता ॥ [1])

Every reader of the Kâvyâdarça must be struck with surprise by the fact that Daṇḍin contrary to his usual brevity has devoted to the first verse of this stanza a long discussion 2, 226—234, and this in a manner unheard of in the rest of his work. It will be best to translate the passage as far as it is to the purpose [2]). „Darkness, as it were, anoints the limbs; the heavens, as it were, rain collyrium“, this (verse) also is in a high degree an example of the (rhetorical figure) *utprekṣâ* (226). Some, because they see here the word *iva*, erroneously believe that the figure made use of is *upamâ*, not heeding the saying of a competent authority [3]), „that no simile

[1]) This stanza is quoted and discussed of by nearly all the rhetoricians known to me. In the second verse the best MSS. read निष्फलतां for विफलतां.

[2]) Cfr. Sarasvatîkaṇṭhâbharaṇa p. 375 ff.

[3]) The authority, as Professor Kielhorn points out to me, is

is made with a verbal form". (227) The mutual relation of a thing compared and another thing with which it is compared, to be possible, requires that both should have some property in common. But in the present instance, what common property can you discern in „anoints" and „darkness"? (228) If you maintain, that „anointing" itself is that property, then what in the world is „anoints" besides? Surely even a madman would not say that one and the same thing is property and possessor of such property at the same time. (229) If you say that it is the agent (denoted by the termination of *limpati*) with whom darkness is compared, (I rejoin, that) that agent, having become subordinate to the action denoted by the verbal base, is altogether occupied in bringing about that action and can therefore enter into no relation with anything else. (230) When on the other hand you say, that darkness is like one who anoints, then „the limbs" cannot be taken as the object of the subject „darkness" and besides the quality common to both has still to be pointed out. (231) When we say: „Your face is like the moon", we understand (something more than what is actually said, viz. we understand) that the face is lovely. Such is not the case here; for here we understand from „anoints" nothing else but „anoints". (232) .... The (rhetorical figure) *utprekṣâ* is indicated by the words *manye* (I think), *çaṅke* (I suspect), *dhruvam* (certainly), *prâyas* (generally), *nûnam* (surely) and similar words; the word *iva* is also such a one". (234)

From this it is obvious, that Daṇḍin is of opinion that the word *iva* is also indicative of the rhetorical figure *utprekṣâ*, a fact, which apparently had been disputed by other rhetoricians. In order to remove all doubts on this, Daṇḍin here expatiates on a no doubt very striking and characteristic verse, which afterwards has become the standard example of the utprekṣâ, so much so, that even Jayadeva in the Candrâloka 5, 30 quotes it[1]), though he otherwise only

---

Patañjali, Mahâbhâṣya Vol. II, p. 14 न तिङन्तेनोपमानमस्ति and p. 143 न वै तिङन्तेनोपमानमस्ति

[1]) In the Kaçmîr Recension, however, this stanza is wanting.

uses examples of his own. It is hardly without intention, that later on (2, 362), again contrary to his custom, Daṇḍin repeats this very verse in order to show that it contains the figure *utprekṣâ* and it is evident that at 2, 226 he presupposes the knowledge of this example. If then we bear in mind, that beyond any reasonable doubt Daṇḍin in the Kâvyâdarça has composed all the illustrations himself, and that te whole stanza 2, 362 is directly ascribed to him by comparatively so old a writer as Pratîhârendurâja (above p. 7), Daṇḍin's authorship of this stanza seems to me certain. In the Çârṅgadharapaddhati, it is true, it is ascribed to two authors, Vikramâditya and Meṇṭha (ZDMG. 27, 75), but against this testimony, improbable in itself [1]), stands Pratîhârendurâja's authority. In Vallabhadeva's Subhâṣitâvali it is ascribed to Vikramâditya alone, a fact, which shows best that the real author of this stanza had been forgotten [2]). Now it is well known, that this stanza also occurs in the Mṛcchakaṭikâ p. 14, 16 (ed. Stenzler). That Daṇḍin should have taken it from a foreign source, it is quite inadmissible to suppose, since through the whole Kâvyâdarça he has not borrowed from others; nor is it in any degree likely that the author of the Mṛcchakaṭikâ has taken this stanza from the Kâvyâdarça. Thus there remains but one conclusion viz. that Daṇḍin at Kâvyâd. 2, 226 ff. cites a verse of his own and that therefore *he is the real author of the Mṛcchakaṭikâ*, and that this play is his third work „famous in the three worlds".

I have myself shown elsewhere [3]) that no particular stress ought to be laid on the simple fact that one and the same stanza occurs in two different works and that from this alone it would be rather hasty to draw conclusions as to the identity of their authors. I have not changed my mind since, but I think that the case is

---

[1]) Aufrecht, ZDMG. 27, p. 3.

[2]) Peterson, Actes du sixième Congrès international des Orientalistes. Leide 1885 Vol. III, 2, 426.

[3]) Göttingische gelehrte Anzeigen 1883 p. 1239 ff.

very different here. Tradition ascribes to Daṇḍin three famous works; two only are known, the Kâvyâdarça and the Daçakumâracarita. There exists besides a very famous work, the Mṛcchakaṭikâ, the author of which is unknown, but which has something in common with either of Daṇḍin's two works. A stanza of the Mṛcchakaṭikâ is quoted and discussed at length in the Kâvyâdarça, in which Daṇḍin has not given but his own examples. Again the state of social life as described in the Mṛcchakaṭikâ is precisely the same as that in the Daçakumâracarita, and the description agrees even in details [1]). If nothing else, this certainly shows that the authors of the Mṛcchakaṭikâ and the Daçakumâracarita must have lived at the same time and probably in the same country. That the Mṛcchakaṭikâ is not so old a play as is generally assumed, but belongs to the sixth or seventh century A. D., will, I hope, have become evident from my remarks on it published in the Göttingische gelehrte Anzeigen 1883, p. 1229 ff. [2]). Chronology therefore does not interfere. From Daṇḍin's praise of the Vaidarbhamârga Kâvyâd. 1,41 ff. Premacandra Tarkavâgîça has concluded that Daṇḍin was a native of the Dekhan and this becomes still more probable from the reputation which according to Taylor, justly or not, Daṇḍin enjoys in the Dekhan. His namesake, the author of the Mallikâmâruta, likewise was a dâkṣiṇâtya (Mallikâm. p. 12, 1 ff.). The commentators of the Daçakumâracarita largely quote from the Vaijayantî, a work particularly current in the South of India, and the two best MSS. of the Daçak. used by Prof. Bühler came from the Dekhan. Daṇḍin therefore in all probability was a native of the Dekhan. That also the author of the Mṛcchakaṭikâ belonged to the South of India would become

---

[1]) *Weber*, Indische Streifen 1, 315 f. *Bühler* on Daçak. p. 57, 1. I cannot go into details here, all the less as, in spite of all my efforts, I could not yet get the new complete edition of the Daçak. published at Bombay 1884.

[2]) I herewith withdraw my remarks on Bhâsa. In 1883 I was not yet aware that all the illustrations of the Kâvyâdarça are Daṇḍin's own composition.

certain, if a gloss on Vâmana's Kâvyâlaṁkâravṛtti p. 31, 24, preserved in the MS. Bühler, Det. Rep. No. 260 fol. 18^a, should stand the test. On Vâmana's words: *Çûdrakâdiraciteṣu* this gloss remarks: *râja Komaṭiḥ Çûdrakaḥ* [1]). Unfortunately the only king Komaṭi at present known, is Komaṭi Veṅkâ, the Reḍḍi chief of Koṇḍavîḍu, who apart from his time (1395—1423) is quite out of question here. The gloss, however, would prove that it is to the South of India that we must look for finding out the Çûdraka of the Mṛcchakaṭikâ; for Komaṭi is a South Indian name [2]). That MS. A of the Mṛcchakaṭikâ (Stenzler's edition) contains traces of a southern origin, I have proved long ago [3]). Strange to say, the Mṛcchakaṭikâ is not quoted much by the rhetoricians, except the stanza *limpatîva tamaḥ*, which they took from Daṇḍin. The oldest author who cites it is Vâmana, himself a native of the Dekhan, as I have shown [4]) (p. 54, 5. 57, 11) and then only so late writers as Dhanika (p. 41. 63. 83. 127) Viçvanâtha (Sâhityad. p. 36. 46. 158. 191) and Vardhamâna (Gaṇaratnamahodadhi p. 8. 102. 233) quote it. By the Kaçmîrian rhetoricians not one line of it is cited. But for Vâmana's quotations from it, we might easily be induced to think the Mṛcchakaṭikâ quite a modern work. It is not possible to prove from internal evidence, that Vâmana's Kâvyâlaṁkâravṛtti is later than Daṇḍin's Kâvyâdarça. Aufrecht's statement (Catalogus p. 207^b) that

---

1) Above कः is written इव, but whether it belongs to this gloss or is by the same hand, I am not sure of.

2) *Sewell*, Archaeological Survey of Southern India Vol. II, p. 187. cfr. also Vol. I, 70. 139 and Taylor, Catalogue 3, 511. 513. No chronological inference touching Daṇḍin, is in my opinion deducible from Kâvyâd. 2, 278 f. The passage, however, should be kept in view, since it may be useful to know to which work Daṇḍin here refers.

3) Nachrichten von der königl. Gesellschaft der Wissenschaften zu Göttingen 1873 p. 209.

4) Jenaer Literaturzeitung 1875 p. 421. Hence he like Daṇḍin prefers the Vaidarbhî rîti.

Vâmana took some of his illustrations from Daṇḍin, rests on an interpolation in the Oxford MS., as has been justly remarked by Prof. Cappeller in the preface to his edition of the Kâvyâlaṁkâravṛtti (p. IX note 1). The passage is wanting also in the Pûṇa MSS. It might be pointed out, that Daṇḍin Kâvyâd. 1, 40 treats of only two different styles, the Vaidarbhî and Gauḍîyâ rîti, while Vâmana 1, 2, 9 distinguishes three rîtis, the Vaidarbhî, Gauḍîyâ and Pâñcâlî and that from Kâvyaprakâça 9, 4 it may be concluded that Vâmana was the first to do so. It might further be urged that Vâmana 1, 3, 23 ff. discusses three kinds of prose style, of which there is no mention in the Kâvyâdarça 1, 25 ff. Nor is it perhaps useless to state that Daṇḍin 2, 227 ff. is anxious to show that the word *iva* is also indicative of the figure *utprekṣâ*, while this is an established fact for Vâmana 4, 3, 9 [1]). In the same manner it would be possible to show that Rudraṭa generally is still fuller and more explicit than Vâmana, as, for instance, he Kâvyâl. 2, 3 ff. teaches four rîtis and divides them into two classes. On the other hand, as Professor Kielhorn justly points out to me, it might seem that Daṇḍin Kâvyâd. 2, 51 criticizes Vâmana's rule 4, 2, 8. As, however, Daṇḍin's remarks have had no influence on doubtless later authors, such as Alaṭa, Kâvyaprakâça p. 362 who quotes Vâmana's examples, we are allowed to suppose the same of Vâmana himself and to presume that Daṇḍin argues against an older author whose rule was approved of by Vâmana. Indeed, all this is not sufficient for chronological inferences as long as not all the older rhetoricians are known, and it must not be forgotten that the three authors have accomplished their task from very different points of view and to a very different purpose. In my opinion Daṇḍin is older than Vâmana, but if Daṇḍin's authorship of the Mṛcchakaṭikâ should not be approved of, I cannot see how this could be shown convincingly.

[1]) Cappeller has failed to hit the correct reading here; read तां चेवशब्दो or still better with B चेवादिशब्दो and compare Borooah's edition.

Vâmana's time we are now pretty sure of. At Kâvyâl. p. 10, 21 he quotes Subandhu's Vâsavadattâ, as pointed out by Professor Cappeller (Vâmana's Stilregeln, Strassburg 1880 p. 38), and p. 68, 13 Bâṇa's Kâdambarî, as first shown by Anundoram Borooah (Notes on Vâmana p. 1; cfr. Zachariae, Götting. gel. Anz. 1884 p. 301) [1]). Hence Vâmana cannot be older than the seventh century A. D. That he can no longer be placed in the 12th century, as Cappeller has done, has already been remarked by Bühler, who first pointed out that Vâmana is quoted by Abhinavagupta (about 1000 A. D.) as one of his authorities. From Abhinavagupta's words, however, it is evident, that Vâmana was an authority already in Ânandavardhana's time. At Sahṛdayâl. fol. 59a Ânandavardhana gives as an example the stanza अनुरागवती संध्या, quoted also Kâvyaprakâça p. 246. Sâhityad. p. 344. Kuvalay. p. 53a. Alaṁkârasâra fol. 57b. In his gloss on it Abhinavagupta informs us that the stanza is Ânandavardhana's own composition and that he composed it in deference to the different views of Bhâmaha and Vâmana: वामनाभिप्रायेणायमाक्षेपो भामहाभिप्रायेण समासोक्तिरित्यमुमाशयं हृदये गृहीत्वा समासोक्त्याक्षेपयोरिदमेकमेवोदाहरणं व्यतरद्ग्रन्थकृत् । एषापि समासोक्तिर्वास्तु आक्षेपो वा किमनेनास्माकम् । सर्वथा अलंकारादिषु व्यंग्यं वाच्ये गुणीभवतीति नः साध्यमित्याशयोऽत्र ग्रन्थे गुरुभिर्निरूपितः ॥ (fol. 62b). From this it follows that Ânandavardhana was a good deal younger than Vâmana. According to Râjataraṅgiṇî 5, 34 Ânandavardhana became famous under the rule of Avantivarman 855—884 A.D. In the passage adduced above, however, Abhinavagupta calls Ânandavardhana *guravas*, at fol. 246b he calls him *asmadguravas* and at fol. 291b *asmadupâdhyâyas* and in both cases he directly refers to Ânandavardhana's text. If this is to be taken literally, Ânandavardhana must have been at least half a century later than Kalhaṇa states. I am afraid that Kalhaṇa even in this respect is not utterly trustworthy. At Râjataraṅgiṇî 4, 496 he

---

1) That Subandhu and Bâṇa are later than Daṇḍin, Prof. Weber (Ind. Streifen 1, 312) is inclined to conclude from their style. But from this nothing can be deducted.

says, that *Manoratha* was amongst the poets of Jayâpîḍa's court. This, however, is directly contradicted by Abhinavagupta. Ânandavardhana in the Sahṛdayâloka fol. 14^{b} quotes the following stanza:
॥ तथा चात्र कृत एवान्येन श्लोकः ॥

यस्मिन्नस्ति न वस्तु किं चन मनःप्रह्लादि सालंकृति
व्युत्पन्नै रचितं च नैव वचनैर्वक्रोक्तिशून्यं च यत् ।
काव्यं तद्ध्वनिना समन्वितमिति प्रीत्या प्रशंसञ्जडो
नो विद्मोऽभिदधाति किं सुमतिना पृष्टः स्वरूपं ध्वनेः ॥

Abhinavagupta in his gloss on this states at fol. 16^{b} that this stanza is by *Manoratha*, a poet *contemporaneous with Ânandavardhana:* ॥ तथा चान्येनेति ॥ ग्रन्थकृत्समानकालभाविनैव मनोरथनाम्ना कविना । Hence Manoratha is later than Kalhaṇa makes us believe. That his statement about Ratnâkara is also not quite correct, Bühler has shown (Det. Rep. p. 42 f.). At all events Vâmana was a recognised authority in the first half of the tenth century, since he is quoted as such by Pratîhârendurâja fol. 55. 59. 61, who, as we have seen above p. 11 f. lived about the middle of the tenth century. Bühler (l. c. p. 65) is inclined „to give credence to the tradition of the Kaçmîrian Paṇḍits, that he was the Vâmana whom Jayâpîḍa employed as one of his ministers". From Bühler's remarks l. c. p. 72 f., however, this seems to be no real tradition, but a mere guess of the Kaçmîrians which so far is without any value, though I do not deny the possibility that Vâmana may have lived in the time of that king. It must, however, be borne in mind that Vâmana, the rhetorician, in all likelihood was a native of the Dekhan and that therefore probably he has nothing in common with Vâmana, one of the authors of the Kâçikâ [1]). Against the date assigned to Vâmana by Bühler, Cappeller has entered his protest (Vâmana's Stilregeln p. III). The mention of Kavirâja and the quotations from „at all events late" poets, seem in Cappeller's opinion to preclude an earlier date than

---

1) *Zachariae*, Gött. gel. Anz. 1884 p. 300 is of opinion, that our Vâmana is identical with the grammarian, quoted largely in the Gaṇaratnamahodadhi.

1000 A. D. Cappeller lays particular stress on the quotations from the eighth book of the Kumârasaṁbhava, but wrongly. Ânandavardhana knew it perfectly well and ascribed it to a *mahâkavi*. As the passage is very interesting, I give it in full (fol. 184ª): द्विविधो हि कवेर्दोषः । अव्युत्पत्तिकृतोऽशक्तिकृतश्च । तत्राव्युत्पत्तिकृतो दोषः शक्तितिरस्कृतत्वात्कदाचिन्न लक्ष्यते । यस्त्वशक्तिकृतो दोषः स झटिति प्रतीयते ॥ परिकरश्लोकश्चात्र ॥

अव्युत्पत्तिकृतो दोषः शक्त्या संव्रियते कवेः ।
यस्त्वशक्तिकृतस्तस्य स झगित्येव भासते ॥

तथा हि . महाकवीनामप्युत्तमदेवताविषयप्रसिद्धसंभोगशृङ्गारनिबन्धनाद्यनौचित्यमुत्तमदेवीविषयं शक्तितिरस्कृतं ग्राम्यत्वेन [1]) न प्रतिभासते । यथा कुमारसंभवे देवीसंभोगवर्णनम् ।
In the Alaṁkâraçekhara fol. 36ᵇ the eighth book is directly ascribed to Kâlidâsa: सा च ।

भवानीशंकरादीनां पित्रोर्वा केलिवर्णनम् ।
अत्युक्तिर्वा नभःसाम्यं स्तनादौ स्यादनौचिती ॥

इत्यनेनोक्तास्ति । यद्यपि कुमारसंभवे कालिदासेन वर्णितमस्ति तथार्वाचीनेन [2]) न कर्तव्यम् ।

Stanza 2 of this book is quoted already by Nami in the Rudraṭakâvyâlaṁkâraṭippanaka fol. 175ᵇ and by Dhanika p. 76. 183; st. 5. 6. 11. 63 in Hemacandra's Alaṁkâracûḍâmaṇi fol. 13ª. 6ª. 15ᵇ, st. 63 besides in the Alaṁkârasarvasva fol. 105ᵇ, Alaṁkâratilaka fol. 23ª, Alaṁkârodâharaṇa (MS. Bühler, Det. Rep. No. 240) fol. 35ª, Sarasvatîk. p. 226. Other quotations have been verified by Prof. Weber, Ind. Streifen 2, 372. 3, 228 note 1 and by Prof. Zachariae in Jacobi's pamphlet on Kâlidâsa's epic poems: Verhandlungen des 5. Internationalen Orientalistencongresses 2, 2, 146. In this pamphlet Jacobi at all events has proved that the eighth sarga is older than the rest of the uttarakhaṇḍa and the testimonies adduced above show that in no case can it be regarded as modern. That it contains expressions which are hardly Kâlidâsa's, I have urged elsewhere [3]). It

---

1) MSS. ग्राम्यत्वे. Cfr. Alaṁkâracûḍâmaṇi fol. 18ᵇ: यत्तु कुमारसंभवे हरगौरीसंभोगवर्णनं तत्कविशक्तितिरस्कृतत्वाद्भूम्ना न दोषत्वेन प्रतिभासते । and Sâhityad. p. 233. 2) MS. °चीने

3) Göttingische gelehrte Anzeigen 1874 p. 873.

suffices to refer to Raghuvaṁça 9, 1 ff. Çiçupâlavadha 19, 98 ff. Kirâtârjunîya 15, 38. 52, in order to make it evident that the illustrations given by Vâmana p. 36. 37 need not be taken from „at all events late“ poets. Nor can Kavirâja trouble us any longer. Because Aufrecht Catalogus p. 121ᵃ has shown that Kavirâja mentions king Muñja of Dhârâ, it is generally assumed that he lived after the tenth century. This, however, is no longer tenable. Râjaçekhara, when speaking of his family, boasts that one of his relations, Surânanda, was so proficient in diction that he beat even Tarala and Kavirâja (Bâlarâmâyaṇa 8, 19 f.). Now Râjaçekhara is not only quoted by Abhinavagupta (ZDMG. 39, 316), but also by Somadeva in his Yaçastilaka, a work written in A. D. 959, and cannot therefore be later than the beginning of the tenth century [1]). From Bâlarâmâyaṇa 9, 1 and Viddhaçâlabhañjikâ 4, 1 (ed. Calc. 1873) where Râjaçekhara is styled *Daurduki* (V. Dauhiki; Aufrecht ZDMG. 27, 77 Daurduhi), we learn that his father was *Durduka* (Dohaka, Durduha), from Viddhaç. 5, 6 that *Akâlajalada* was his great-grandfather or rather his great-great-grandfather, since Bâlar. 9, 1 he is called the fourth in descent from Akâlajalada. Surânanda therefore who Bâlar. 8, 19 is mentioned *after* Akâlajalada, probably was his great-grandfather or grandfather. If we date him back only two generations, he must have lived about the middle of the ninth century and Kavirâja therefore must be still older. As Râghavap. 1, 41 he puts himself on the same level with Subandhu and Bâṇa, he probably is not very much younger than they are and may have flourished early in the eighth century [2]). So far then nothing prevents

[1]) *Peterson,* Report for 1883/84 p. 33. 45. We should get his exact date if the stanza Bhâso Râmila° ZDMG. 27, 77 really were by Râjaçekhara. This, however, has now become doubtful. cfr. Peterson l. c. p. 58 f.

[2]) Cappeller's assertion in his translation of Max Müller's India p. 294 that I place Kavirâja in the eleventh or twelfth century, rests on a misunderstanding. In the passage adduced by him I have not given any exact date of Kavirâja, but simply referred to Lassen's and Aufrecht's statements.

us from placing Vâmana in the eighth century and if Kalhaṇa is to be trusted, he must have been a contemporary of Udbhaṭa, whom Kalhaṇa places in the reign of Jayâpîḍa 779—813 A. D. That of the later rhetoricians some followed Vâmana, some Udbhaṭa, is evident from the Alaṁkâravimarçinî fol. 162ª where the two schools of the Vâmanîyâs and the Audbhaṭâs are spoken of. This also seems to me to favour the view that Vâmana was not younger than Udbhaṭa. Now Rudraṭa is everywhere quoted *after* Udbhaṭa and therefore he probably was younger than Udbhaṭa and Vâmana, who does not quote any of his illustrations. We thus again obtain for Rudraṭa the date ascertained above p. 12 viz. about the middle of the ninth century [1]).

This date enables us to settle in some degree an important literary question. As shown in the Notes, the stanza Çṛṅgârat. 1, 68 occurs in the Pañcatantra 4, 9 ed. Kosegarten, 4, 8 ed. Kielhorn-Bühler. It is given in all the MSS. and forms an integral part of the story related there. Since the illustrations, as we have seen, are Rudraṭa's own composition, it follows *that the Pañcatantra in its Northern recension must be later than the middle of the ninth century A. D.* In the South Indian recension p. 73 ff. ed. Haberlandt Wien 1884 the stanza is wanting [2]). The Vetâlapañcaviṁçatikâ in which stanzas of Rudraṭa's are inserted (compare the Notes), must likewise be later than the period assigned to Rudraṭa.

There is one quotation from the Çṛṅgâratilaka which I have not been able to identify, in the Pratâparudrîya p. 184, 12. That Rudraṭa's Çṛṅgâratilaka is meant, is not doubtful, since Vidyânâtha whereever he quotes from a Çṛṅgâratilaka refers to our work, as will be seen from the Notes. It is not, however, the fault of our

---

[1]) It cannot be made out whether the Rudra whom Bâṇa mentions as one of his friends (Peterson, Kâdambarî p. 51) has anything to do with our Rudraṭa. Chronology, as shown above, does not favour this view.

[2]) That the Southern recension is in every respect older, I venture to doubt.

MSS. that the passage is not found there, but Vidyânâtha's; for the subject mentioned in the verse is not at all treated in our Çṛṅgâratilaka and Vidyânâtha therefore, quoting probably from memory, has confounded it with an other work.

Bühler (Det. Rep. p. 67 f.) asserts that Rudraṭa's Çṛṅgâratilaka „has been known for a long time, and has been published by Professor *Stenzler* as an appendix to the Meghadûta". This assertion, however, repeated by Peterson (Report for 1882/83 p. 14), contains a double error. The Çṛṅgâratilaka published by Professor *Gildemeister* in the appendix to his edition of the Meghadûta Bonn 1841, and often printed in India, has nothing to do with Rudraṭa. Tradition ascribes it to Kâlidâsa, but the real author of the 21,22 or 23 stanzas is still to be found out. With the exception of stanza 3 which is cited in the Daçarûpâvaloka p. 187, though, as it seems, not in all MSS., I have not found a single stanza of it quoted by the rhetoricians. The last stanza occurs in the Amaruçataka st. 94.

In the Sâhityad. p. 202,13 a prasthâna called Çṛṅgâratilaka is mentioned, and in Oppert's Lists 2, No. 2216. 2618. 3850. 9222 a bhâṇa of this name by Râmabhadra, which sub No. 8395 is attributed to Kâlidâsa. The nâṭaka Çṛṅgâratilaka by Rudraṭa mentioned in the Catalogue of Sanskrit MSS. in the North-Western Provinces Part IX. (Allahabad 1885) p. 16 No. 17 is doubtless the work here published for the first time. Oppert l. c. 1, No. 378 also mentions a commentary on the Râmâyaṇa styled Çṛṅgâratilaka by Govindarâja, which seems to be a different work from the Râmâyaṇatilaka. There exist probably still other works of the same name.

A compendium of the subject of our Çṛṅgâratilaka Rudraṭa has given in the 12th adhyâya of his Kâvyâlaṁkâra. As an edition of this work is promised by Professor Peterson, I have refrained from publishing it here. The Rasamañjarî of Bhânudatta entirely rests on the Çṛṅgâratilaka, which it amplifies.

Ruyyaka is a much more modern writer than Rudraṭa, and he has displayed a considerable literary activity, though the little treatise published here is the first of his works brought to the notice of Sanskritists. From the colophon of the Sahṛdayalîlâ we are apprised that his father was *Râjânakatilaka* and that he himself also bore the name *Rucaka*. His father was like himself a rhetorician. From Jayaratha's Alaṁkâravimarçinî fol. 150[b] we learn that Tilaka wrote an *Udbhaṭavicâra* or, as it is styled at fol. 254[b], *Udbhaṭaviveka* and at fol. 160[a] Jayaratha informs us that Ruyyaka generally followed the views of his father. Ruyyaka's chief work, which is quoted very often by the later rhetoricians, is the *Alaṁkârasarvasva*, a very obscure and difficult work, on which Jayaratha's Alaṁkâravimarçinî is a commentary [1]). A second work of Ruyyaka is the *Kâvyaprakâçasaṁketa*, a commentary on Mammaṭa's Kâvyaprakâça (Bühler, Det. Report No. 247. Peterson, Report for 1883/84 p. 13 ff. Götting. gel. Anz. 1885 p. 767) [2]). Peterson's combinations regarding the Kâvyaprakâça are not at all tenable, as shown by Bühler and myself [3]). A third work of his, the *Sâhityamîmâṁsâ*, Ruyyaka mentions Alaṁkârasarvasva fol. 22[b], and it is also referred to by Jayaratha Alaṁkâravimarç. fol. 162[a]. A fourth is the *Alaṁkârânusâriṇî* (Alaṁkâravimarç. fol. 66[a]. 92[b]. 93[a]. 95[a]) which according to Peterson (Report for 1883/84 p. 17 and Actes du sixième Congrès p. 364) was a commentary on Jalhaṇa's Somapâlavilâsa, a mahâkâvyam. A fifth is the *Harṣacaritavârttika*, a commentary on Bâṇa's Harṣacarita (Alaṁkârasarvasva fol. 22[b]) and a sixth the *Çrîkaṇṭhastava* (ibid. fol. 4[b]), which according to Aufrecht, Catalogus p. 210[a] was composed in praise of the region Çrîkaṇṭha, described in the Harṣacarita, but which perhaps was rather a hymn on Çiva to whom

---

[1]) Compare Bühler, Det. Rep. p. 68 and my remarks Götting. gel. Anzeigen 1885 p. 766 ff., to which the reader is referred for some details not repeated here.

[2]) A fragment of this work I have since discovered in MS. Bühler Det. Rep. No. 264.

[3]) Since I have no complete copy of the Saṁketa at my disposal, I cannot make out the relation in which Ruyyaka stands to Alaṭa or Alaka (Peterson, Report 1883/84 p. 17 f.).

the only stanza as yet known from it is addressed (Gött. gel. Anz. 1885 p. 766). The seventh work is the *Sahṛdayalîlâ*, here edited, not because I think it an important work, but as a specimen of this kind of literary composition and because it gives some interesting details not known from elsewhere.

Ruyyaka's date has been fixed by Bühler, under the supposition that he is the Ruyyaka whom Maṅkha mentions as his teacher. His time would then be the beginning of the twelfth century A.D. (Bühler, Det. Report p. 51. 68). The oldest author of known date who quotes him is Vidyânâtha in his Pratâparudrîya 240, 18 f. Vidyânâtha wrote in the reign of king Pratâpa Rudra II. of Oraṅgal 1295—1323 A. D.[1]). In his commentary on this work Kumârasvâmin mentions a gloss on the Alaṁkârasarvasva by *Cakravartin* p. 46, 27, whom he quotes besides p. 264, 26. 315, 22. 324, 25. 329, 3. 375, 22. 389, 5, and p. 320, 23 a gloss called *Saṁjîvinî* which perhaps is the title of Cakravartin's commentary. This serves to confirm my assertion that the Vimarçinî is a very late work[2]).

The edition of Rudraṭa's Çṛṅgâratilaka is based on the following MSS.:

A. — A very good birch-bark MS. in the Çâradâ-character Bühler, Detailed Report No. 264, originally foll. 27, of which eight and a half are wanting viz. foll. 1. 3. 14^b (left blank) 18. 20—23. 25. There are besides some small gaps at foll. 7^b. 10^b. $11^{a.b}$. 12^a. 14^a. 16^b. 24^a and some leaves are injured. Size of leaves $7^1/_4 \times 8^1/_4$ inches, lines on a page 11—14.

B. — An excellent paper MS. written very well in the Devanâgarî-character. It is, I think, a Jaina MS. Bhandarkar, Report for 1882/83 No. 217. foll. 30; foll. 1 and 4 are missing.

---

[1]) *Sewell*, Archaeological Survey of Southern India II, 173. *Burnell*, Vaṁçabrâhmaṇa p. VII (where l. 2 instead of son must be read grand-son; cfr. Kumârasvâmin on Pratâpar. 123, 1 ff.). Classified Index p. 56.

[2]) Götting. gel. Anz. 1885, p. 765.

Size of leaves $10 \times 4^1/_4$ inches, lines on a page 9. It differs considerably from A. Dated saṁvat 1654.

C. — A paper MS. East-India-Office Colebrooke No. 1365. foll. 34, lines on a page 7. Devanâgarî-character.

D. — A paper MS. East-India-Office Colebrooke No. 1121 foll. 16, lines on a page 10—13, generally 12. Devanâgarî-character.

E. — A paper MS. Bodleian Library, Aufrecht, Catalogus p. 209 No. 491, very incorrect and apparently copied from an original in other than Devanâgarî-characters. It is not, however, without value.

For the loan of C and D I am indebted to Dr. Rost, of E to E. Nicholson Esq., the chief librarian of the Bodleian Library. To both gentlemen I beg to convey here my very best thanks.

Of these MSS. ADE and BC may be classed together. ADE with few exceptions do not give the headings before the single rules and illustrations, which are, again with a few exceptions, not numbered in AD. Whether these headings are Rudraṭa's is questionable. Since traces of them are found in all MSS. and since in some cases they are absolutely necessary for perspicuity's sake, I have thought it advisable to follow the MSS. BC. MS. A contains all the peculiarities of the Çâradâ-MSS. Instead of Visarga it writes *ç* before *ç* and *s* before *s*, the Jihvâmûlîya before gutturals, the Upadhmânîya before labials[1]). I have not followed it in this, though on the last two sounds my view is very different from Whitney's (Sanskrit Grammar § 69). For want of types I have been obliged to quote A's readings even in the critical notes in the usually adopted method of writing without the Upadhmânîya. It is due to the same exigency and not to an oversight that in some cases I have written the Anusvâra instead of the nasals, e.g. 1, 92 भंग्या 1, 114 उल्लंघ्यापि. I have thought this preferable to disfigurements such as भङ्ग्या, उल्लङ्घ्य and so on.

---

[1]) This is written once 2, 4 also in O, which points to a Çâradâ-archetype.

In editing Ruyyaka's Sahṛdayalîlâ two MSS. were at my disposal:

A. — An excellent old paper MS. in Çâradâ-characters, Bühler, Det. Report No. 266 bound together with Bühler No. 235, beginning on fol. 37^b (in reality 38^b). fol. 37^b (38^b) has 6 lines, 38^a (39^a) has 25, $38 (39)^b$ has 26 and fol. 39 (40) has 13 lines. Size of leaves $6^1/_4 \times 9^1/_2$.

B. — A recent Devanâgarî MS. copied incorrectly from a good archetype in Çâradâ-characters, Bühler l. c. No. 266. foll. 3. Lines on a page 12. Size of leaves $13^1/_2 \times 6$.

The numbering of the single rules, if rules they are to be called, is my own. The MSS. give a running text.

In the Notes I have taken care to give the quotations of Rudraṭa's illustrations as completely as possible. As to the rules, I have confined the references to printed works.

I have to tender my sincere acknowledgments to Professor F. Kielhorn for the kind help which he has given me by going through this Introduction and correcting it whereever this was necessary; nor would I conclude without expressing my thanks to my friend Mr. C. F. Haeseler for the liberality with which he has undertaken to publish this book.

Halle a/S., February 1886.

R. Pischel.

MISPRINTS.

p. 31, 10 read सर्वाङ्गैश्चटु°
p. 72, 5 r. °ग्रहाः ।

In printing parts of some letters and even whole letters have occasionally dropped. I have noticed: p. 4, 2 °शादमो; p. 7, 9 नोऽस्वलं; p. 7, 11 त्वन्ये; p. 21, 5 °न्को; p. 31, 1 °ग्यगार्वं; p. 38, 3 चक्षुर्दिक्षु.

भृङ्गारी गिरिजानने सकरुणो रत्यां प्रवीरः स्मरे
बीभत्सोऽस्थिभिरुत्फणीति भयकृन्मूर्त्याद्भुतस्तुङ्गया ।
रौद्रो दक्षविमर्दनेन हसकृन्नग्नः प्रशान्तश्चिरा-
दित्थं सर्वरसाश्रयः पशुपतिर्भूयात्सतां भूतये ॥ १ ॥

आख्यातनामरचनाचतुरश्रसंधि-
सद्वागलंकृतिगुणं सरसं सुवृत्तम् ।
आसेदुषामपि दिवं कविपुंगवानां
तिष्ठत्यखण्डमिह काव्यमयं शरीरम् ॥ २ ॥

काव्ये शुभे विरचिते खलु नो खलेभ्यः
कश्चिद्गुणो भवति यद्यपि संप्रतीह ।
कुर्यां तथापि सुजनार्थमिदं यतः किं
यूकाभयेन परिधानविमोक्षणं स्यात् ॥ ३ ॥

1) CDE ॥ श्रीगणेशाय नमः ॥ 2) DE ॰त्फणी च भ॰ D ॰कृन्नेत्रत्रये-पाद्भुतः 3) E वृत्तविमर्दने च 4) DE ॰रसात्मकः 5) D *om.* रचना C ॰रस्त्र॰ DE ॰रस्र॰ 6) D सुरसं 7) E. *om.* आ 9) E शुभे वि रचिते 11) D कुर्यात्तथापि E ॰मिद् च कारणा DE ततः

॥ अथात्मकवित्वप्रशंसा ॥

सानन्दप्रमदाकटाक्षविशिखैर्येषां न भिन्नं मनो
यैः संसारसमुद्रपातविधुरेष्वन्येषु पोतायितम् ।
यैर्निःसीमसरस्वतीविलसितं द्वित्रैः पदैः संहृतं
तेषामप्युपरि स्फुरन्ति मतयः कस्यापि पुण्यात्मनः ॥ ४ ॥

॥ अथ रसस्थितिनिरूपणम् ॥

प्रायो नाट्यं प्रति प्रोक्ता भरताद्यै रसस्थितिः ।
यथामति मयाप्येषा काव्यं प्रति निगद्यते ॥ ५ ॥

॥ अथ व्यतिरेकमुखेन रसप्रशंसा ॥

यामिनीवेन्दुना मुक्ता नारीव रमणं विना ।
लक्ष्मीरिव ऋते त्यागान्नो वाणी भाति नीरसा ॥ ६ ॥

॥ अथ स्वपाण्डित्यप्रशंसा ॥

सत्यं सन्ति गृहे गृहे सुकवयो येषां वचश्चातुरी
स्वे हर्म्ये कुलकन्यकेव लभते ज्ञातैर्गुणैर्गौरवम् ।
दुःप्रापः स तु कोऽपि कोविदकविर्यद्वाग्रसग्राहिणां
पण्यस्त्रीव कलाकलापकुशला चेतांसि हर्तुं क्षमा ॥ ७ ॥

1) *om.* DE. 2) CD सानंदं 3) D *om.* from विधुरे° to मतयः line 5 E °धूरोषत्तेषु गोमायितं corrected to गोपा° 4) E संहृतं 6) *om.* DE. 9) *om.* DE. 10) D मुक्ता कामिनीव प्रियं विना 11) C रागान्नो E °गान्न 12) *om.* DE; B *om.* अथ 14) C ज्ञात्यैर्गु° 15) E *om.* कोऽपि C, D1. hd., E कोविद्पतिर्य° D2. hd. corr. °द्मतिर्य° D °ग्राहिणी E °णीं 16) D पुण्य°

तस्माद्यत्नेन कर्तव्यं काव्यं रसनिरन्तरम् ।
अन्यथा रसविद्गोष्ठ्यां तत्स्यादुद्वेगदायकम् ॥ ८ ॥

शृङ्गारहास्यकरुणा रौद्रवीरभयानकाः ।
बीभत्साद्भुतशान्ताश्च काव्ये नव रसाः स्मृताः ॥ ९ ॥

रतिर्हासश्च शोकश्च क्रोधोत्साहौ भयं तथा ।
जुगुप्साविस्मयशमाः स्थायिभावाः प्रकीर्तिताः ॥ १० ॥

निर्वेदोऽथ तथा ग्लानिः शङ्कासूया मदः श्रमः ।
आलस्यं चैव दैन्यं च चिन्ता मोहः स्मृतिर्धृतिः ॥ ११ ॥

व्रीडा चपलता हर्ष आवेगो जडता तथा ।
गर्वो विषाद औत्सुक्यं निद्रापस्मार एव च ॥ १२ ॥

स्वप्नोऽवबोधोऽमर्षश्चाप्यवहित्थं तथोग्रता ।
मतिर्व्याधिस्तथोन्मादस्तथा मरणमेव च ॥ १३ ॥

2) CDE शास्त्रविद्गो° C न स्यादुद्वेगदायिकं or °यिकं D ततः (sic) स्यापुवृद्वेगकारकं E सवत्रत स्यात् । दुगोष्टोवूडेगदायक (sic) C adds ॥ अथ नव रसाः ॥ 4) CD °श्च नव काव्ये र° E नव नाट्ये र° 5) After तथा D adds ११ 6) B °स्मश्च° B adds ॥ अथ त्रयस्त्रिंशद्भावनिरूपणं ॥ 7) CDE °यामदश्रमाः 8) CDE मोह 9) C चपला 10) C विशाद 11) B स्वप्नावबोधामर्षाश्चा° C स्वप्नः प्रबोधो मर्षश्चाप्यवहित्था D सुप्तिर्विबोधो मर्षश्च अवहित्था E सुप्तप्रबोधो मर्षसु व्यवहित्थमथोग्रता A मर्षश्च व्यवहित्थं 12) D रतिर्व्या

त्रासश्चैव वितर्कश्च विज्ञेया व्यभिचारिणः ।
त्रयस्त्रिंशदमी भावाः प्रयान्ति च रसस्थितिम् ॥ १४ ॥

स्तम्भः स्वेदोऽथ रोमाञ्चः स्वरभङ्गोऽथ वेपथुः ।
वैवर्ण्यमश्रु प्रलय इत्यष्टौ सात्त्विकाः स्मृताः ॥ १५ ॥

भावा एवातिसंपन्नाः प्रयान्ति रसताममी ।
यथा द्रव्याणि भिन्नानि मधुरादिरसात्मताम् ॥ १६ ॥

संभवन्ति यथा वृक्षे पत्त्रपुष्पफलादयः ।
तद्वद्रसेऽपि रुचिरा विशेषा भावरूपिणः ॥ १७ ॥

प्रायो नैकरसं काव्यं किं चिदत्रोपलभ्यते ।
बाहुल्येन भवेद्यस्तु स तद्वृत्त्या निगद्यते ॥ १८ ॥

1) E वितर्कस्तु 2) E °श्चादिमे CDE प्रयांति रससंस्थितिं B adds: विविधावासनाभिमुखेन चरं । तीति व्यभिचारिणः ॥ C adds: ॥ अथ सात्त्विकभावाः कथ्यंते ॥ In A the order of the stanzas is: 14. 16. 15. 18. 19. 17. 20 ff. 3) AD स्वरभेदो 4) A °मश्रुप्रलयावित्य° AC °का मताः D °का मतां 5) A एवेति सं° 6) C मधुराणि र° A °त्मनाम् C adds: ॥ अथ भावलक्षणं ॥ BC *ins.*: विभावेनाहृतो (C °न कृतो) यो र्थस्त्वनुभावैश्च गम्यते । वागंगसत्त्वाभिनयैः स भाव इति संज्ञितः ॥ १७ ॥ After which B has: अथानुभावो वागंगसत्त्वकृतः अभिनयस्वभावकः C has: कवेरवमारंभावंसावयन्नाव उच्यते । रसान् भावयंति भावाः ॥ १८ ॥ ॥ अथ विभावलक्षणं ॥ BC then have: वहवो र्था विभाव्यंते वागंगाभिनयाश्रिताः । अनेन यस्मात्तेनायं विभाव इति संज्ञितः ॥ १८ ॥ (C ॥ १९ ॥) C then adds: अभिनयं समाश्रित्यार्थानुत्पादयंतीति विभावाः ॥ अथानुभावलक्षणं । वागंगसत्त्वकृतः अभिनय एव भावकत्वादनुभावः । B has: कवेरंतर्गतं भावं भावयन् भाव उच्यते । भावस्य लक्षणं प्रोक्तं विभावः प्रोच्यते धुना ॥ १९ ॥ ॥ इति भावलक्षणं ॥ 7) BC have before: ॥ अथ विभावलक्षणं प्रोच्यते (*om.* C) 8) B °रूपिताः 9) C °पयुज्यते 10) ACDE तद्वृत्या

कैशिक्यारभटी चैव सात्वती भारती तथा ।
चतस्रो वृत्तयो ज्ञेया रसावस्थानसूचिका: ॥ १९ ॥

धर्मादर्थोऽर्थतः कामः कामात्सुखफलोदयः ।
साधीयानेष तत्सिद्धौ शृङ्गारो नायको रसः ॥ २० ॥

चेष्टा भवति पुंनार्योर्या रत्युत्थानुरक्तयोः ।
संभोगो विप्रलम्भश्च शृङ्गारो द्विविधो मतः ॥ २१ ॥

संयुक्तयोश्च संभोगो विप्रलम्भो वियुक्तयोः ।
प्रच्छन्नश्च प्रकाशश्च पुनरेष द्विधा यथा ॥ २२ ॥

॥ संभोगशृङ्गारस्योदाहरणम् ॥

मदनकुञ्जरकुम्भतटोपमे स्तनयुगे परितः स्फुरिताङ्गुलिम् ।
सकरजक्षतवाममपि प्रिया दयितपाणिममन्यत दक्षिणम् ॥ २३

॥ विप्रलम्भोदाहरणम् ॥

संतप्तः स्मरसंनिवेशविवशैः श्वासैर्मुहुः पञ्चमो-
द्गारावर्तिभिरापतद्भिरभितः सिक्तश्च नेत्राम्बुभिः ।

[1]) A चैव शाश्वतो भा° [2]) A °सूचकाः B margin adds here: शृंगारहास्यकरुणैरिह कैशिकी स्यात् सा सात्वतीह कथिताद्भुतवीररौद्रैः । वीराद्भुतप्रहसितै . . . . . . तो स्यादुक्ता भयानकयुतारभटी कवींद्रैः ॥ [3]) D धर्मादर्थस्ततः कामः [4]) E °यानेव C तत्सिध्यै [5]) D भवंति C पुन्नार्योरत्युत्था नातिरक्तयोः D पुनार्योरत्युच्छायानु° A रत्यर्थानु° E रत्युत्यातिर° [6]) C संयोगो D °श्च पुनरेष द्विधा भवेत् [7]) D संयोगो [8]) A पुनरेव [9]) *om.* DE; A °शृङ्गारलक्षणं यथा C अथ संभोगशृंगारोदाहरणं [10]) E मत्तकुंजर° CD कुचयुगे C स्फ° A °ताङ्गुलम् [11]) BD °क्षति° E °क्षिति° [12]) *om.* DE; A विप्रलम्भो यथा [13]) A, B1. hd., D संतप्त D °विषमैः प्रश्वासैर्मुह . संचितैः [14]) D धाराव° A सेक्तश्च

एतस्याः प्रियविप्रयोगविधुरस्त्यक्ताधरो रागितां
संप्रत्युद्धतवह्निवारिविषमं मन्ये व्रतं सेवते ॥ २४ ॥

॥ प्रच्छन्नसंभोगस्योदाहरणम् ॥

कान्ते विचित्रसुरतक्रमबद्धरागे
संकेतकेऽपि मृगशावदृशा रसेन ।
तत्कूजितं किमपि येन तदीयतल्पं
नाल्पैः परीतमनुकूजितलावकौघैः ॥ २५ ॥

॥ प्रकाशविप्रलम्भोदाहरणम् ॥

किं चिद्वक्रितकण्ठकन्दलवलत्पीनस्तनावर्तन-
व्यायामाञ्चितकञ्चुकं मृगदृशस्तस्यास्तदालोकितम् ।
वाचस्ताश्च विदग्धमुग्धमधुराः स्फारीभवन्मन्मथा
कंहो मानस किं स्मरस्वभिमताः सिध्यन्ति पुण्यैः क्रियाः ॥२६॥

॥ अथ नायकनिरूपणम् ॥

त्यागी कुलीनः कुशलो रतेषु कल्पः कलावित्तरुणो
धनाढ्यः ।

[1]) D °विधुरत्यक्का° B °स्त्यक्ता° E रागतां [2]) D °द्धतपद्मवारि° [3]) *om.* DE; A प्रच्छन्नो यथा C ॥ अथ प्रछन्नसंभोगोदाहरणां ॥ [4]) A काले BCDE °शाव° In A from बद्द° to p. 8, 11 दृशौ is wanting [6]) Bl. hd. °तुल्पं [7]) E °तमनुशब्दितपत्रिबंशो २५ B °लाचकौ° [8]) *om.* DE; C अथ प्रछंन्नविप्रलंभोदाहरणां [9]) CDE °लदलत्पी° C °स्थनावलगन° D °स्तनीवलगन° [10]) D °मांचितं कंचुकं C °दृशास्तन्व्यास्तदा° D °लोकनं [11]) C °ग्धवभावस्फा° [13]) *om.* DE; C ॥ अथ स्वरूपमाह ॥

भव्यः क्षमावान्सुभगोऽभिमानी स्त्रीणां मतज्ञः किल ना-
यकः स्यात् ॥ २७ ॥

॥ तस्य नायकस्य भेदा उच्यन्ते ॥

तस्यानुकूलदक्षिणशठधृष्टा इत्यमत्र चत्वारः ॥
भेदाः क्रियमोच्यन्ते तदुदाहृतयश्च रमणीयाः ॥ २८ ॥

॥ अथानुकूललक्षणम् ॥

अनुकूलतया नार्या सदा त्यक्तपराङ्गनः ।
सीतायां रामवत्सोऽयमनुकूलः स्मृतो यथा ॥ २९ ॥

॥ अथानुकूलस्योदाहरणम् ॥

अस्माकं सखि वाससी न रुचिरे ग्रैवेयकं नोज्ज्वलं
नो वक्रा गतिरुद्धतं न हसितं नैवास्ति कश्चिन्मदः ।
किं त्वन्येऽपि जना वदन्ति सुभगोऽप्यस्याः प्रियो नान्यतो
दृष्टिं निक्षिपतीति विश्वमियता मन्यामहे दुःस्थितम् ॥ ३० ॥

॥ अथ दक्षिणलक्षणम् ॥

यो गौरवं भयं प्रेम दाक्षिण्यं पूर्वयोषिति ।
न मुञ्चत्यन्यचित्तोऽपि ज्ञेयोऽसौ दक्षिणो यथा ॥ ३१ ॥

1) CE क्षमो स्थिररुचिः सुभगो C मतः सुभगवागिह ना° D स्त्रीणामभीष्ट-स्त्विह ना° E मतः शुभवचा इह ना° 2) *om.* DE; C भेदानाह ॥ चत्वारो नायकाः ॥ 5) *om.* DE; C ॥ अथ क्रमेण अनुकूलादिलक्षणं ॥ 6) D अनुरक्तश्च यो ना° E अतिरक्ततया ना° D रामचंद्रो 8) *om.* DE; C °कूलोदा° 11) From न्ये to कवियो stanza 41 deest in B. E किं चान्यो corr. to चान्ये D प्यस्याः पतिर्नान्यतो C नानातो 12) CE दुस्थितं 13) *om.* DE; C अन्यदक्षि°

॥ अथ दक्षिणोदाहरणम् ॥

सैवास्य प्रणतिस्तदेव वचनं ता एव केलिक्रिया
भीतिः सैव तदेव नर्म मधुरं पूर्वानुरागोचितम् ।
कान्तस्याप्रियकारिणी च भवती तं वक्ति दोषाविलं
किं स्यादित्यमहर्निशं सखि मनो दोलायते चिन्तया ॥ ३२ ॥

॥ अथ शठलक्षणम् ॥

प्रियं वक्ति पुरोऽन्यत्र विप्रियं कुरुते भृशम् ।
मुक्तापराधचेष्टश्च शठोऽसौ कथितो यथा ॥ ३३ ॥

॥ अथ शठोदाहरणम् ॥

सरलतरले आवां तावद्वहुश्रुतशालिनौ
पुनरिह युवां सत्यं शिष्टं यदत्र कृतागसि ।
प्रणयिनि जने रन्तुं युक्तं न वेति वतावयो-
र्ध्रुवमुपगते कर्णौ प्रष्टुं कुरङ्गदृशो दृशौ ॥ ३४ ॥

कोपात्किंचिदुपानतोऽपि रभसादाकृष्य केशेष्वलं
नीत्वा मोहनमन्दिरं दयितया हारेण बद्ध्वा दृढम् ।

[1]) *om.* DE [3]) C °तिस्सैव E मधुकरं C पूर्व्वोनु° [4]) C कांतस्य प्रिय° E °कारिणीव भवती [6]) *om.* DE [8]) D मुक्तांयप्राधचेष्टस्तु E °चेष्टस्तु sec. hd. corr. °स्न C °ष्टश्च कुटिलो सा (sic) शठो यथा [9]) *om.* DE; C अथ कुटिलोदा° [10]) C श्रात्रां C, D1. hd., E °श्रुति° [11]) E तदत्र [12]) E प्रणायनि पुनर्युक्त रंतु भवति व्रतावयोः C जन रंतु D जने युक्तं रंतुं [13]) C °दृशोर्दृशो ॥ ३७ ॥ तया च शठोदाहरणं ॥ With दृशो A recommences [14]) A °नते CD °गतो A केशेषुलं (sic) [15]) D वद्धो

भूयो यास्यसि तद्गृहानिति मुहुः कण्ठार्धरुद्धाक्षरं
तल्पत्न्या श्रवणोत्पलेन सुकृती कश्चिद्गृहस्ताड्यते ॥ ३५॥

॥ अथ धृष्टलक्षणम् ॥

निःशङ्कः कृतदोषो ऽपि निर्लज्जस्ताडितो ऽपि सन् ।
मिथ्यावाग्दृष्टदोषो ऽपि धृष्टो ऽयं कथितो यथा ॥ ३६ ॥

॥ अथ धृष्टोदाहरणम् ॥

तल्पत्न्याः परुषं रुषा मम बलाच्चुम्बत्यसावाननं
गृह्णात्याशु करं करेण बहुशः संताड्यमानो ऽपि सन् ।
आलीनां पुरतो दधाति शिरसा पादप्रहारान्नतो
नो जाने सखि सांप्रतं प्रणयिनी कुप्यामि तस्मै कथम् ॥ ३७ ॥

धिक्कां धूर्त गतत्रप प्रणयिनी सैव त्वया राध्यतां
यस्याः पादतलाहतिं तव हृदि व्याख्यात्यसौ यावकः ।
इत्युक्तो ऽपि न नाम मुञ्चति यदा पादावयं दुर्जनो
मिथ्यावादविचक्षणः किमपरं कुर्यां वयस्ये तदा ॥ ३८ ॥

॥ अथ नर्मसचिवलक्षणम् ॥

गूढमन्त्रः शुचिर्वाग्मी भक्तो नर्मविचक्षणः

[1]) AD यास्यति A कण्ठाब्रुद्धा° [3]) *om.* ADE; C धृष्टं ल° [4]) E ऽपि विलक्षस्तर्ज्जितो C निर्लज्जस्तर्ज्जितो [5]) D धृष्टो सौ [6]) *om.* cdd. [7]) D पुरुषं [8]) D *om.* from मानो ऽपि सन् to तस्मै l. 10 [9]) E °प्रहारं नतो [10]) CE प्रणयिने [11]) C प्रधूर्त्त [12]) A °तलाहतं D पात्रकः [13]) D इत्युक्ते A नामि C *om.* पादा [14]) E वयस्यास्तदा [15]) *om.* ADE. [16]) D °र्वाग्मी A नम्रवि°

स्यान्नर्मसचिवस्तस्य कुपितस्त्रीप्रसादकः ॥ ३९ ॥

पीठमर्दो विटश्चापि विदूषक इति त्रिधा ।
संभवेत्प्रथमस्तत्र नायिकानायकानुगः ॥ ४० ॥

एकविद्यो विटः प्रोक्तः क्रीडाप्रायो विदूषकः ।
स्ववपुर्वेषभाषाभिर्हास्यकारी स्वकर्मवित् ॥ ४१ ॥

एषां प्रबन्धविषये व्यवहारः प्रायशो भवेत्प्रचुरः ।
प्रत्येकमुदाहृतयस्तथापि काश्चिन्निदर्श्यन्ते ॥ ४२ ॥

॥ पीठमर्दो यथा ॥

विमुञ्चामुं मानं सफलय वचः साधु सुहृदां
मुधा संतापेन ग्लपयसि किमङ्ग स्मरभुवा ।
प्रियं पादप्रान्तप्रणतमधुना मानय भृशं
न मुग्धे प्रत्येतुं प्रभवति गतः कालहरिणः ॥ ४३ ॥

॥ विटो यथा ॥

प्रणयिनि भृशं तस्मिन्मानं मनस्विनि मा कृथाः

1) C स नर्मसचिवस्याद्यः E °सचिवः स्वस्य D °प्रसाधकः C adds: नर्मसचिवस्या त्रयः प्रकारा यथा ॥ 2) D विटश्चैव E विटाश्चेव 3) F नायको नाय° 4) With कविद्यो B recommences. B प्रोक्तो 5) E सवपु° A °र्वेश्वा° A स्वकर्मकृत् BE च नर्मवित्; in margin of B a gloss स्वकर्मकृत् D च कर्मवित् 6) AC एषां स्त्रकर्मवि° E °बयो A व्याहारः; *om.* प्रचुरः 7) B °न्निगद्यंते C °न्निगद्यते D काश्चित्प्रदर्श्यंते 8) *om.* DE; B ॥ अथ पीठमर्द्दलक्षणां ॥ C ॥ पीठमर्द्दः ॥ 9) A मानं सह यदि व° 11) E पादे प्रा° 12) C *om.* न A क्राय° 13) *om.* DE; B ॥ अथ विटस्योदाहरणां ॥ C ॥ विटः ॥ 14) A °शं मानं तस्मिन्मन°

क्रिमपरमतो युक्तायुक्तैर्विना ह्यमुना तव ।
अयमपि भवेत्संप्रत्येव क्षयानलसंनिभः
सरसबिसिनीकन्दच्छेदच्छविर्मृगलाञ्छनः ॥ ४४ ॥

॥ विदूषको यथा ॥

दूरात्कन्दलितैर्हृदि प्रविततैः कण्ठे लुठद्भिर्हठा-
द्वक्त्रे संकटनासिकासरलितैर्निर्यद्भिरत्यूष्मभिः ।
निःश्वासैः पृथुमन्मथोत्थदवथुर्व्यक्तं तवाविदितो
मिथ्यालम्बितसौष्ठवे कृतमतः कोपेन कान्तं प्रति ॥ ४५ ॥

स्वकीया परकीया च सामान्यवनिता तथा ।
कलाकलापकुशलास्तिस्रस्तस्येह नायिकाः ॥ ४६ ॥

॥ तत्र स्वकीयालक्षणम् ॥

पौराचाररता साध्वी क्षमार्जवविभूषिता ।
मुग्धा मध्या प्रगल्भा च स्वकीया त्रिविधा मता ॥ ४७ ॥

1) DE °रमितो D युक्तायुक्तं विना 3) B सरसकदली° A °भिसिनी° D °विसिनी° E त्सरविशनी° D °लांछनं 4) *om.* CDE; B ॥ अथ विदूषकोदाहरणं ॥ 5) B प्रचलितैः; in margin प्रविततैः is noticed 6) C संकर° ABE °तरलितै°; in B the v. r. °सर° is noticed 7) CE निश्वा° AC °र्व्यक्तस्तवा° D त्वयात्रे° 8) CDE °ष्ठवे B °ष्ठवेन किमतः D कृतमितः 9) C *om.* परकीया A °कीयापि 10) ADE °स्तस्येति E नायकाः 11) *om.* ADE 12) C योगाचार° A °रवता After this line D ins.: संपत्तौ च विपत्तौ च मरणे च न मुंचति । या स्वीया तां प्रति प्रेम जायते पुण्यकर्मणः

॥ अथ मुग्धालक्षणम् ॥

मुग्धा नववधूस्तत्र नवयौवनभूषिता ।
नवानङ्गरहस्या च लज्जाप्रायरतिर्यथा ॥ ४८ ॥

॥ अथ मुग्धाया नवयौवनोदाहरणम् ॥

गतं कर्णाभ्यर्णं प्रसरति तथाप्यक्षियुगलं
कुचौ कुम्भाकारौ तदपि चिबुकोत्तम्भनरुची ।
नितम्बप्राग्भारो गुरुरपि गुरुत्वं मृगयते
कथं चिन्नो तृप्तिस्तरुणिमनि मन्ये मृगदृशः ॥ ४९ ॥

॥ अथ मुग्धाया नवानङ्गरहस्योदाहरणम् ॥

यथा रोमाञ्चो ऽयं स्तनभुवि लसत्स्वेदकणिको
यथा दृष्टिस्तिर्यक् पतति सहसा संकुचति च ।
तथा शङ्के ऽमुष्याः प्रणयिनि दरास्वादितरसं
न मध्यस्थं चेतः प्रगुणरमणीयं न च दृढम् ॥ ५० ॥

॥ अथ मुग्धाया लज्जाप्रायरत्युदाहरणम् ॥

विरम नाथ विमुञ्च ममाञ्चलं

1) *om.* DE; A *om.* अथ 3) AC °रहस्यापि In B margin the v. r. नवानंगा रहस्यापि is noticed; D नम्रारंगरहस्यापि and places l. 6 before l. 5; E ववोनंगा रहःस्यापि 4) *om.* ABDE; C ॥ मुग्धायौवनोदाहरणं ॥ 6) BCD कुम्भारंभौ AD चिवु° A °त्रम्बन° 8) B °रुणामपि D °मपि 9) *om.* AE; B *om.* अथ C °नंगस्योदा° D ॥ मुग्धिपा अनंगरहस्योराहणं ॥ 10) E has before अपि च । E °वि नवस्वेद° D लसद्वेद° 12) A मन्ये A °रसे 13) A यथाध्यास्थं चेतः C सध्यचेतः A न तु 14) *om.* AE; CD °रतोदा°

शमय दीपमिमं समया सखीम् ।
इति नवोढवधूवचसा युवा
मुदमगादधिकां सुरतादपि ॥ ५१ ॥

॥ पुनरपि मुग्धासुरतस्वभावमाचष्टे ॥

सकम्पा चुम्बने वक्त्रं हरत्येषावगूहिता ।
परावृत्य चिरं तल्प आस्ते रन्तुं च वाञ्छति ॥ ५२ ॥

॥ इममेवार्थमुदाहरणतया निरूपयति ॥

अपहरति यदास्यं चुम्बने श्लिष्यमाणा
वलति च शयनीये कम्पते च प्रकामम् ।
वदति च यदलक्ष्यं किं चिदुक्तापि भूयो
रमयति सुतरां तच्चित्तमन्तर्नवोढा ॥ ५३ ॥

॥ अथ मुग्धानुनयोपायमाह ॥

मुग्धामनुनयत्येव मृदूपायेन सान्त्वयन् ।
नातिभीतिकरैर्वाक्यैर्निर्बन्धैर्बालभीषितैः ॥ ५४ ॥

1) E दोपमियं BDE साखो C सखोः 3) BCD °धिकं 4) *om.* ADE; C मुग्धायाः सुरतभात्रमा° 5) A सकम्पं 6) ACE तल्पे A चास्ते 7) *om.* ADE; B ॥ मुग्धालक्षणं ॥ 9) D चलति E ब्रलनि E *om.* च 10) C *om.* च B यदक्षरं; in margin the v. r. यदक्षयं (sic) is intimated. D यदलक्ष E यदलक्ष्तं BE °दुक्तापि 11) B सुरतांते चि°; in margin the r. of the text is noticed. D सुतरां तं कांतमंतर्न° E सुरतांतश्चि° C °मंतरं न° 12) *om.* AE; C ॥ अथ मुग्धाया अनुनयनमह ॥ D मुग्धाया अनुनयोपायमाह 13) A °नुनयन्त्येव BE मुग्धामावर्त्तयत्येव 14) A °करैश्चित्रैर्नि° B °करैर्वाक्यैर्निर्बंधै° C °करैर्भार्विनिर्त्रचैर्बाल° D °करैश्चित्रैर्निवद्वैर्बाल° E °करैश्चेति निर्बंधैर्बाल° BD °भाषितैः

॥ अथ मुग्धाया अनुनयोदाहरणम् ॥

सरति सरसस्तीरादेषा भ्रमद्भ्रमरावली
सुमुखि विमुखी पद्मे मन्ये तवास्यपिपासया ।
इति निगदिते किं चिद्भीत्या विवर्तितकंधरा
वदनकमले बाला भर्त्रा चिरं परिचुम्बिता ॥ ५५ ॥

॥ अथ मुग्धामानप्रकारमाह ॥

अन्यां निषेवमाणे तु यदि कुप्यति सा प्रिये ।
रोदित्यस्याग्रतः स्वल्पमनुनीता च तुष्यति ॥ ५६ ॥

॥ तथैवोदाहरणम् ॥

मन्यौ कृते प्रथममेव विकारमन्यं
नो जानती नववधू रुदती परं सा ।
धूर्तेन लोचनजलं परिमृज्य बाढं
संचुम्ब्य चाधरदलं गमिता प्रसादम् ॥ ५७ ॥

1) *om.* AE; D मुग्धाया अनुनयोदाः 2) A सरसि सरसस्ते° C सरसो । तीरादे° A भ्रमन्भ्रम° 3) A विमुखे 4) D निगदितं श्रुत्वा भी° 5) C *om.* बाला E puts भ° before बा° C *om.* परि 6) *om.* AE; B *om.* अथ D *om.* अथ and आह 7) ACD °माने ACDE पि यदि A सा कु° 8) D रोदित्यंकगता E रोदित्येषाग्रतः किं चिदनु° D °नीता प्रसीदति 9) *om.* AE; D सध्योदा° (sic) 10) C मंतौ 11) C परे 12) D लोचनपुगं (sic) AE गाढं BC वाढं D वाटं 13) A °दले; above द with small letters त is written; D °तले E °दले

॥ अथ मध्यालक्षणम् ॥

आरूढयौवना मध्या प्रादुर्भूतमनोभवा ।
प्रगल्भवचना किं चिद्विचित्रसुरता यथा ॥ ५८ ॥

॥ अथ मध्यासंपूर्णतारुण्योदाहरणम् ॥

तरत्तारं चक्षुः क्षपयति मुनीनामपि दृशः
कुचद्वंद्वाक्रान्तं हृदयमहृदः कान्त कुरुते ।
गतिर्मन्दीभूता हरति गमनं मन्मथवता-
मङ्गो तन्व्यास्तुल्यं तरुणिमनि सर्वं विजयते ॥ ५९ ॥

॥ अथ मध्यामनोभवाविर्भावोदाहरणम् ॥

दृष्टिः स्निह्यति निर्भरं प्रियतमे वैदग्ध्यभाजो गिरः
पाणिः कुन्तलमालिकाविरचने त्यक्तान्यकर्माश्रयः ।
वक्त्रं संव्रियते पुनः पुनरिदं लीलालसं गम्यते
जाता सुभ्रु मनोरमा तव दशा कस्मादकस्मादियम् ॥ ६० ॥

1) *om.* AE; D *om.* अथ C मुग्धा° 2) B मुग्धा superscr. मध्या 3) BD चित्सा चित्र° 4) *om.* AE; B *om.* अथ and adds आह C मध्यापूर्णाताहृण्योदाहरं D मध्यासंपूर्णोद° (sic, all) 5) BE क्षिपयति In B margin the v. r. मनः for दृशः is given 6) B °दस्कान्न D °हृदं कं तु कु° E °हृद 2. hd. हृदं 7) C वा i. of गमनं D °थभूता- 8) B °मपि corr. in margin 9) *om.* AE; BC *om.* अथ C ॥ मध्याकामाविर्भावोदाहरणं ॥ 10) E has before अपि च । Instead of l. 10 A reads: आहारे विरतिस्समस्तविषयग्रामे निवृत्तिः पुरा cfr. Ind. Sprüche 1079 C वैदग्ध्याभा° गिरा 11) ACE कामं D कामः i. of पाणिः A °पालिका° AC °र्गा करः DE °र्मग्रहः 12) A वक्तस्सच्छिताये C वक्त्रः संवृप्रियते D चक्षुः संवृ° E वक्त्रः सं° A लीलासं

॥ अथ मध्यायाः किं चित्प्रगल्भवचनोदाहरणम् ॥

सुभग कुरबकस्त्वं नो किमालिङ्गनोत्कः
किमु मुखमदिरेच्छुः केसरो नो हृदिस्थः ।
त्वयि नियतमशोके युज्यते पादघातः
प्रियमिति परिहासात्पेशलं का चिदूचे ॥ ६१ ॥

॥ अथ विचित्रसुरताया मध्याया उदाहरणम् ॥

कान्ते तथा कथमपि प्रथितं मृगाक्ष्या
चातुर्यमुद्धतमनोभवया रतेषु ।
तत्कूजितान्यनुवदद्भिरनेकवारं
शिष्यायितं गृहकपोतशतैर्यथा स्यात् ॥ ६२ ॥

॥ अथ मध्याप्रेमोत्तररतिस्वरूपनिरूपणम् ॥

गाढं व्याप्रियते कान्तं पिबतीव रतौ प्रियम् ।
विशतीव तदङ्गेषु मुह्यतीव सुखे यथा ॥ ६३ ॥

1) *om.* AE; BC *om.* अथ D °ल्भोदा° 2) ADE कुरव° 3) BD °रेच्छुः, corr. B margin A केसरी 5) C °हास्यत्पे° 6) *om.* AE; BC *om.* अथ D has only: मध्याविभ्रमोदाहरणं 7) E has before: अपि च । E °व्याप्र् 9) B तत्कूजितं मृदुवद° superscr. the r. of the text; A °नुरुवद्भिर° C °बंद° 10) D गृहश्राकुंत° BE °र्यथास्याः 11) *om.* AE; B *om.* अथ 12) A बाढं C वाढ B व्याप्° corr. in margin ABD पिव° AE रतावियम् B रतं प्रियं, in margin: रसं रतेरिति पाठः C रतं वियं D रतायं in margin corr. to रताव्ययं 13) C मज्जतीव सुखं D सुखैर्यथा ॥

॥ तथैवोदाहरणम् ॥

कृत्वानेकविधां रसेन सुरते केलिं कथं चिच्चिरा-
त्प्राप्तान्तःसुखमीलिताक्षियुगला स्विद्यत्कपोलस्थली ।
सुप्तेयं किल सुन्दरीति सुभगः स्वैरं तथैवास्वज-
द्गाढानङ्गविमर्दनिःसहवपुर्निद्रां सहैवागतः ॥ ६४ ॥

॥ अथ मध्यात्रयभेदस्वरूपमाह ॥

सा धीरा वक्ति वक्रोक्त्या प्रियं कोपात्कृतागसम् ।
मध्या वदत्युपालम्भैरधीरा परुषं तथा ॥ ६५ ॥

॥ तत्र धीरामध्योदाहरणम् ॥

उपेत्य तां दृढपरिरम्भलालस-
श्चिरादभूः प्रमुषितचारुचन्दनः ।
धृताञ्जनः सपदि तदक्षिचुम्बना-
दिहैव ते प्रिय विदिता कृतार्थता ॥ ६६ ॥

॥ अथ मध्यामध्योदाहरणम् ॥

यत्रार्कायितमिन्दुना सरसिजैरङ्गारपुञ्जायितं

1) *om.* AE 2) A °विधिं B °विधा B केलोः D केलीं 3) A प्राप्या-न्तस्सुखमोलिताक्ष° 4) A सुन्दरेति A °वास्वज- 5) C गाढा° D गाढालिंग° DE, B margin स एवागतः 6) *om.* AE; B ॥ मध्याया त्रयं भेदस्वरूपमाह ॥ C ॥ अथ मध्यादित्रयस्वरूपमाह ॥ D अथ मध्याभेदत्रयस्वरूपमाह 8) ACD रोदित्यु° E रोदत्यु° A पुरुषं ACE यथा 9) *om.* AE 10) D °लालसां चि° 11) ABE °भूत्प्रमु° E °मुखित° 12) B वृतांजनः but above वृ is written धृ A तदक्ष° 13) E °हैव मे त्वयि A कदर्थता 14) *om.* ADE; B *om.* अथ मध्या 15) D places st. 67 after st. 69. D °ना कुवलयैरंगा°

क्रुद्धायां मयि नाथ ते कदलिकाकाण्डैरलातायितम् ।
कालो ऽन्यः खलु को ऽपि सो ऽमृतमयो जातो विषात्माधुना
धिक्कां धूर्त विनिर्यदश्रुरबला मोक्ष्यं वदन्ती गता ॥ ६७ ॥

॥ अथाधीरामध्योदाहरणम् ॥

सार्धं मनोरथशतैस्तव धूर्त कान्ता
सैव स्थिता मनसि कृत्रिमभावरम्या ।
अस्माकमस्ति न कथं चिदिहावकाश-
स्तस्मात्कृतं चरणपातविडम्बनाभिः ॥ ६८ ॥

॥ अथ प्रगल्भालक्षणम् ॥

लब्धायतिः प्रगल्भा स्यात्समस्तरतिकोविदा ।
आक्रान्तनायका बाढं विराजद्विभ्रमा यथा ॥ ६९ ॥

॥ तत्र लब्धायतिप्रगल्भाया उदाहरणम् ॥

सेयं पङ्कजिनी मृणाललतिकामादाय यस्याः प्रियो

1) B °दंडैर° 2) D यो मृतमयः सो यं वि° 4) In B margin the v. r. धिक् चाटूनि वि° is mentioned A वहन्ती 5) *om.* AE; B *om.* अथ C अथ धीरा° D अथ अधीरामध्या 6) A सारं 7) A सैवास्ति ते BC सैवास्थिता E स्थितिः 8) D न हि किं चिदि° 9) D *om.* स्तस्मा 10) *om.* AE; D *om.* अथ C °ल्भल° 11) C लब्धापतिः D लब्धा पतिं A *om.* स्यात् A समस्ता AE °रत्त° D adds ११ 12) A गाढं D वाठं A विराजद्भ्रमरा After st. 69 D has st. 67 13) *om.* AE; B *om.* तत्र D has प्रगल्भा उदा (sic, all)

ह्रारं मे कुरुते पयोधरतटे प्रत्यग्रताराुरुचिम् ।
बन्धूकं च तदेतदालि विदलच्चत्वेन सीमन्तितं
सर्वाशाविजिगीषुपुष्पधनुषो बाणश्रियं धास्यति ॥७०॥

॥ अथ समस्तरतिकोविदाप्रगल्भोदाहरणम् ॥

यत्र स्वेदजलैरलं विलुलितैर्व्यालुप्यते चन्दनं
सच्छेदैर्मणितैश्च यत्र रणितं निह्नूयते नौपुरम् ।
यत्रायात्यचिरेण सर्वविषयाः कामं तदेकाग्रतां
सख्यस्तत्सुरतं भणामि धृतये शेषा तु लोकस्थितिः ॥७१॥

॥ अथाक्रान्तनायकाप्रौढाया उदाहरणम् ॥

स्वामिन्भङ्गुरयालकं सुतिलकं भाले विलासिन्कुरु
प्राणेश त्रुटितं पयोधरतटे ह्रारं पुनर्योजय ।
इत्युक्ता सुरतावसानसुखिता संपूर्णचन्द्रानना
स्पृष्टा तेन तथेति जातपुलका प्राप्ता पुनर्मोहनम् ॥७२॥

1) C °धरयुगे ADE °रुचम् 2) D विलसच° 3) C बाणाश्रयं 4) *om.* ADE; BC *om.* अथ C °रते को° 5) CE स्वेदलवैरलं A विलुलि° D वि-तुलि° 6) C स्त्रछंदै° D स्वच्छंदै° A *om.* यत्र A *om.* नि B निह्नादते A, B 2. hd. corr., C नूपुरम् E हेक्तैपुरं (sic) corr. 2. hd. margin तद्भवः 7) A °विषय× C तदेवाग्रतां A °ग्रता 8) E सख्यस्तं सु° A नमामि E रतये C शेषं D नु 9) *om.* AE; BD *om.* अथ CD °नायकायाः 10) C स्वामिन्नंगुरुजालकं D स्वामिन्नगुर° E °न्भंगुरितालकं CDE सतिलकं A बाले C लाभे DE भालं A विला˙ (gap) E विलास corr. from °सि 11) C °धरयुगे हारं समायोजय 12) D इत्युत्का E इत्युक्ते E °ता व्याघूतचंद्रा° 13) A स्पृष्टानेन

॥ अथ विरात्रद्विभ्रमाप्रगल्भोदाहरणम् ॥

मधुरवचनैः सभ्रूभङ्गैः कृताङ्गुलितर्जनै-
रलसवलितैरङ्गन्यासैर्मनोभवबन्धुभिः ।
असकृदसकृत्स्फारस्फारैरपाङ्गविलोकनै-
स्त्रिभुवनजये सा पञ्चेषोः करोति सहायताम् ॥७३॥

॥ अथ रताकुलप्रौढास्वरूपं निरूप्यते ॥

निराकुला रतावेषा द्रवतीव प्रियाङ्के ।
कोऽयं काहं रतं किं वा न वेत्त्यतिरसाद्यथा ॥७४॥

॥ तथोदाहरणम् ॥

धन्यास्ताः सखि योषितः प्रियतमे सर्वाङ्गलग्नेऽपि याः
प्रागल्भ्यं प्रथयन्ति मोहनविधावालम्ब्य धैर्यं महत् ।
अस्माकं तु तदीयपाणिकमलेऽप्युन्मोचयत्यंशुकं
कोऽयं का वयमत्र किं च सुरतं नैव स्मृतिर्जायते ॥७५॥

॥ अथ धीराप्रगल्भालक्षणम् ॥

कृतदोषेऽपि सा धीरा तस्मिन्नाद्रियते रुषा ।
आकारसंवृतिं चापि कृत्वोदास्ते रतौ यथा ॥७६॥

1) *om.* AE; BD *om.* अथ B सविभ्रमाप्रगल्भाया उदाह° D राविभ्रमा° C °विभ्रमप्र° 2) D सुभ्रू° D °नैः 3) E रभसवलि° BD °सैर्मदोत्सववधुंभिः 4) A °त्स्फाराहारैर° CE °लोकितै- 6) *om.* AE; BCD *om.* अथ D रसाकुला° C निरूपयति 7) BD °कुलरता° AD °वेशा CD द्रवंतीव 8) ACE कास्मि ACD न वेत्ति च D रसा तथा 9) *om.* AE; D तथैवोदा 12) D °चयंत्यं° 13) A किं च रतं C सरतं C नैषा E नैवं 14) *om.* ADE 15) E चत° 16) A आकारं सं° E °रः सं° C चाथ D हृत्वो°

॥ तत्र धीराप्रगल्भाया रूपोदाहरणम् ॥

यद्वाचः प्रचुरोपचारचतुरा यत्सादरं दूरतः
प्रत्युत्थानमिदं स्वहस्तनिहितं यद्भिन्नमप्यासनम् ।
उत्पश्यामि यदेवमेव च मुहुर्दृष्टिं सखीसंमुखीं
तच्छङ्के तव पङ्कजाक्षि बलवान्कोऽप्यप्रसादो मयि ॥७७॥

॥ अथ कृतदोषाप्रगल्भोदाहरणम् ॥

यत्पाणिर्न निवारितो निवसनग्रन्थिं समुद्ग्रन्थय-
न्भ्रूभेदो न कृतो मनागपि मुहुर्यत्खण्ड्यमानेऽधरे ।
यन्निःशङ्कमिवार्पितं वपुरहो पत्युः समालिङ्गने
मानिन्या कथितोऽनुकूलविधिना तेनैव मन्युर्महान् ॥७८॥

॥ अथ मध्याप्रगल्भाधीरालक्षणम् ॥

मध्या प्रतिभिनत्त्येनं सोल्लुण्ठैः साधुभाषितैः ।
अधीरा तु रुषा हन्ति संतर्ज्य दयितं यथा ॥७९॥

1) *om.* AE; D *om.* तत्र B °ल्भाया लक्षणं C तत्र धीरायाः प्रग° D धीरायाः प्रगल्भायाः रू° 2) C यद्वाचश्चतु° AE यत्साग्रहं D यत्संभ्रमा 3) A °हस्त न हि° C °हतं 4) E °ष्टिः A °सम्मुखं B °सन्मुखीं C °सन्मुखां D °यून्मुखीं E °सन्मुखा 5) BE तत् शंके E किं तव 6) *om.* ADE; BC *om.* अथ C कृतदोषे प्रियतमे रतौ सर्वदुष्कायया: (sic) प्रगल्भाय (sic) उदाहरणं 7) AC °तो वि वसन° D °दुर्ग्रंथन- 8) A °भङ्गो C °भगो E °गपि तया यत्खंडूय° 9) D यन्नोप्रांकनिवा° AC यन्निश° 10) D मानिन्याः 11) *om.* AE; B *om.* अधीरा C °धीरलक्षणोयोदाहरणौ D margin मध्याप्रगल्भालक्षणं. In B °ल्भाल° is corr. from °ल्भोदाहरणं 12) C प्रतिभपात्येन A सोलुण्ठं C सोल्लुंठं E सोल्लुठं C चाटुभा° 13) AD अधीरा पुरुषं C च रुषा E परुषं

॥ अथ मध्याप्रगल्भोदाहरणम् ॥

कृतं मिथ्यावादैर्विरम विदितः कामुक चिरा-
त्प्रियां तामेवोच्चैरभिसर यदीयैर्नखपदैः ॥
विलासैश्च प्राप्तं तव हृदि पदं रागबहुलै-
र्मया किं ते कृत्यं ध्रुवमकुटिलाचारपरया ॥ ८० ॥

॥ अथाधीराप्रगल्भोदाहरणम् ॥

सा बाढं भवतेत्वितेति निबिडं संयम्य बाह्वोः स्रजा
भूयो द्रक्ष्यसि तां शठेति परुषं निर्भर्त्स्य संतर्ज्य च ।
आलीनां पुर एव निह्नुतिपरः कोपाद्रणन्नूपुरं
मानिन्या चरणप्रहारविधिना प्रेयानशोकीकृतः ॥ ८१ ॥

एकाकारमता मुग्धा पुनर्भूश्च यतोऽनयोः ।
अतिसूक्ष्मतया भेदः कविभिर्नोपदर्शितः ॥ ८२ ॥

मध्या पुनः प्रगल्भा च द्विविधा परिभिद्यते ।
एका ज्येष्ठा कनिष्ठान्या नायकप्रणयं प्रति ॥ ८३ ॥

1) *om.* ACE; D *om.* अथ 2) A अलं मि° ACDE विदितं 3) B तामेवेचैःर° E °वोचैर° 4) AE °बहुलैः 5) मया ते किं कृ 6) *om.* AE; C ॥ इ (i. e. इति) मध्याप्रगल्भोदाहरणं ॥ अथ धीराप्रगल्भोदाहरणं ॥ D अधीरा प्रगल्भा उदा° (*om.* अथ) 7) B वाढं D वाटं E वादं D भवतः प्रियेति *cdd.* निविडं (D °ढुं) A बाह्वोः D वडः 8) CD द्रक्ष्यसि E *om.* निर्भ° B संभाष्य D twice संतर्ज्य 9) B कोपाश्चलन्नू° 10) D कामिन्या B 1. hd. °न्याश्चर° C adds: ॥ इति धीराप्रगल्भोदाहरणं । प्रियं शठं प्रति । 11) D °कारा मता D ततो 12) C अनसू° भेदे A कविभिर्न प्रकाशितः C °भिर्न प्रदर्शितः E °भिर्नात्र दर्शितः 13) A अध्या C मुग्धा A °ल्भा वा विविधा परिगद्यते B द्विधासौ D द्विधा सापि च भिद्यते E द्विधा सा परि° 14) C adds: अथ मध्याप्रगल्भयो नयिकस्य (sic) चेष्टामाह

उपरोधात्तथा स्नेहात्सानुरागोऽपि नायकः ।
चेष्टते तां प्रति प्रायः कलासु कुशलो यथा ॥ ८४ ॥

॥ तदुदाहरणम् ॥

त्वदङ्गिणी कुवलयबुद्धिरेत्यली
रुणाध्म्यहं तदिति निमील्य लोचने ।
ततो भृशं पुलकितगण्डमण्डलां
युवापरां निभृतमचुम्बदङ्गनाम् ॥ ८५ ॥

॥ अथ स्वकीयालक्षणम् ॥

संपत्तौ च विपत्तौ च मरणे या न मुञ्चति ।
सा स्वीया तां प्रति प्रेम ज्ञायते पुण्यकारिणः ॥ ८६ ॥

॥ अथान्यदीयाद्विधालक्षणम् ॥

अन्यदीया द्विधा प्रोक्ता कन्योढा चेति ते प्रिये ।
दर्शनाच्छ्रवणाद्वापि कामार्ते भवतो यथा ॥ ८७ ॥

1) E °रागापि नायिका 2) चेष्टेत E कुशला 3) *om.* ADE; C adds च 4) B त्वदूद° D °त्यनीता 5) A रुणादूम्यहं C °ध्य° 6) B °मंडलीं C °ला 7) A युवांप° B °ममुंचदंगनां corr. in margin. After this st. D ins. एकत्रासनसंगते etc. = Amaru st. 16 (Ind. Sprüche no. 2937; v. 2 निमील्य हसितक्रो° v. 3 स्नेहोल्ल°) 8) *om.* ADE; C *om.* अथ C अकीया° 9) C मरणे च विमुचति D च न E पि न 10) BCD या E यं 11) *om.* ADE; C ॥ अथ परकीयालक्षणं ॥ द्वैविध्यं च । 12) B यान्यदीया C तत्प्रिये D मे मते 13) D दर्शनात् श्रवणाद्यापि E दर्शतात श्रव° C °च्छ्राव°

॥ अथ कन्योदाहरणम् ॥

किमपि ललितैः स्निग्धैः किं चित्किमप्यभिकुञ्चितैः
किमपि वलितैः कन्दर्पेषून्हसद्भिरिवेक्षणैः ।
अभिमतमुखं वीक्षां चक्रे नवाङ्गनया तथा
ललितकुशलोऽप्यालीलोको यथातिविसिस्मिये ॥ ८८ ॥

॥ अथ कामार्तान्यदीयाकन्योदाहरणम् ॥

निशमय्य बहिर्मनोरमस्वरमैक्षिष्ट तथापरा यथा ।
तिलमात्रकमप्यभून्न हि श्रवणेन्दीवरलोचनान्तरम् ॥ ८९ ॥

॥ अथ प्रियदर्शनादधिगतरतिसुखपरवधूदाहरणम् ॥

कस्याश्चित्सुभग इति श्रुतश्चिरं य-
स्तं दृष्ट्वाधिगतरतेर्निमीलिताक्ष्याः ।
निस्पन्दं वपुरवलोक्य सौविदल्लाः
संतेपुर्विधुरधियो निशान्तवध्वाः ॥ ९० ॥

1) *om.* ADE; BC *om.* अथ C प्रियदर्शनकामार्त्तान्यदीयकन्योदा° 2) D चलितैः E 1. hd. वलि° corr. 2. hd. AE °ध्यति° C *om.* भि 3) A चलि° D ललि° A कन्देषूश्चैर्हस° D °र्पेषु ह° 4) B °गणाया; above णा is written न 5) A कलनकुशलो D °सिस्मरे E °सिस्मये 6) *om.* ADE; BC *om.* अथ; C °दीयक° 7) D विनिशाम्य BD वहि° C *om.* बहिर् BC °र्मनोरमं D °र्मनोगतं B स्वरमैक्षिष्ट corr. in margin; C प्रियमैक्षिष्ट D चिरमैक्षिष्ट 8) A तृणामा° D °न्दीबर° 9) *om.* ADE; C °नाधिगतसुखपर° 10) A कस्यास्त्वि-त्सुभग इति चिरं श्रुतो यस्तं 11) D दृष्ट्वाप्यधिकतरं निमी° E दृष्ट्वा विग° C °क्ष्या 12) D निष्पंदं 13) C °वध्वाः

॥ गुणश्रवणादत्यन्तानुरागिणी परवधूः स्वचित्तं प्रत्याह ॥

कार्श्यजागरसंतापान्यः करोति श्रुतोऽप्यलम् ।
तमेव दुर्लभं कान्तं चेतः कस्माद्दिदृक्षसे ॥ ९१ ॥

साक्षाच्चित्रे तथा स्वप्ने तस्य स्याद्दर्शनं त्रिधा ।
देशे काले च भंग्या च श्रवणं चास्य तत्त्वथा ॥ ९२ ॥

॥ तत्र साक्षात् ॥

सत्यं सन्ति गृहे गृहे प्रियतमा येषां भुजालिङ्गन-
व्यापारोच्छलदच्छमोहनजला जायन्त हरिणीदृशः ।
प्रेयान्कोऽप्यपरोऽयमत्र नियतं दृष्टेऽपि यस्मिन्वपुः
स्वेदोज्जृम्भणकम्पसाध्वसमुखैः प्राप्नोति कां चिद्दशाम् ॥ ९३ ॥

॥ अथ चित्रगतसुभगमवलोक्य स्वसखीं प्रति स्वरूपमाचष्टे ॥

चित्रं चित्रगतोऽप्येष ममालि मदनोपमः ।
समुन्मूल्य बलाल्लज्जामुत्कण्ठयति मानसम् ॥ ९४ ॥

1) *om.* ADE; C °स्रव° C प्रति प्राह 3) A दुर्गां E °दृक्षयसे B adds; ॥ परवधूसुभगा त्रिधा ॥ 4) A साक्षात्स्वप्ने तथा चित्रे D °र्शनं यथा 5) *om.* C: D काले तथा भ° D *om.* 2. च A धास्य 6) *om.* ADE; C °थया 7) A प्रणयिनो D °लिंगनं 8) E व्यापा । राउच्छलद° A ध्यायन्त 9) AC सुकृतो i. of नियतं C दृष्टो B तस्मि° 10) A °ज्जृम्भणा° 11) *om.* AE; B *om.* from स्व° C °मवालोक्य स्वसखी प्रति स्वस्वरू° D has: चित्रगतोदाहरणं अथ चित्रगतं सुभगमवलोक्य स्वसखी प्रति स्व° 12) A चित्रं चित्र° E प्येषः D ममा-लिर्म्मदनो° 13) D समुन्मील्य E बलान् ल A *om.* ति

॥ अथ मुग्धायाः स्वप्नसमागते प्रियतमे प्रणायकोपविलासलसच्चेष्टितोदाहरणम् ॥

मुग्धा स्वप्नसमागते प्रियतमे तत्पाणिसंस्पर्शना-
द्रोमाञ्चाञ्चितया शरीरलतया संसूच्य कोपात्किल ।
मा मा वल्लभ संस्पृशेति सहसा शून्यं वदन्ती मुहुः
सख्या नो हसिता सचित्तमसकृत्संशोचिता प्रत्युत ॥९५॥

॥ सौधादिप्रवेशान्नायकमवलोक्य रहः सहचरी सुभगां प्रति कथयति ॥

स्फारस्फुरत्प्रदीपं सौधं मधु सोत्पलं कलं गीतम् ।
प्रियसखि सकलमिदं तव विफलं यदि नो वसेत्सोऽत्र ॥९६॥

॥ अथ परमाह्लादकारिचन्द्रोदयादिकमासाद्य रहः सहचरी तदभिप्रायमाचष्टे ॥

विकसति कैरवनिकरे सरति च सरसीसमीरणे सुतनु ।
चुम्बत्यम्बरमिन्दौ तव तेन विना रतिः कीदृक् ॥९७॥

॥ अथ भङ्गीभणितेरुदाहरणम् ॥

अञ्जननिकरस्तु दृशोस्तव कुचयोः पत्त्रभङ्गकं च वृथा ।

1) *om.* ADE; BC *om.* अथ C °गमे C प्राणायकोपविलासलसच्चेष्टि° 2) C °गमे A °सन्दर्शना- E °संदर्शने रो° 3) C °चांचितशरीर° A संयोज्य D संकूच्य E संकुच्य 4) AD मा मां E मा मा संस्पृश वल्लभेति D सून्यं E शून्ये B वदंतीं D रुदंती 5) C सचिंतमहसत्सं° E °त्संसूचिता 6) *om.* ADE; C °प्रदेशरामणीयक° B सहचरीं C *om.* प्रति 7) B स्फारत्स्फु° A °रस्फुरत्प्र° A, B 1. hd., CE °लं च ACE कलगी° 8) A *om.* तव A सफलं भवेद्यदि सो त्र C सफलं यदि दृश्यते सो त्र D सफलं किंल (sic) यदि भवे सो प्यत्र E सफलं खलु यदि भवे न सोऽत्र B वसेत्सो य 9) *om.* ADE; B ॥ अथ सहचरीं प्रति प्रोक्तं ॥ C °या-दिदमा° 10) A विकसित° A °समेरणे 11) C तेन विरतिः 12) *om.* ADE; C °भणातेरु° 13) A अञ्जन° B 1. hd. °निकरस्तु corr. 2. hd. C अञ्जनिरस्तु दृशोस्ते E अञ्जनिरस्तुदृशास्ते A कुचयोश्चोन्नतिरलं मा भवतु । C कुचयोरभवनिरलंभेव तु मुग्धे E कुचयोरभवनिरलंभवरु मुग्धे

यदि दृश्यते न स युवा निर्भरमालिंग्यते नो वा ॥ ९८ ॥

॥ अथ प्रियसमागतान्यदीयकन्यास्वरूपनिरूपणम् ॥

द्रष्टुं वक्तुं च नो कन्या रक्ता शक्नोत्यमुं स्फुटम् ।
पश्यन्तमभिजल्पन्तं विविक्तेऽपि ह्रिया यथा ॥ ९९ ॥

॥ तथैवोदाहरणम् ॥

कामं न पश्यति दिदृक्षत एव भूम्ना
नोक्तापि जल्पति विवक्षति चादरेण ।
लज्जास्मरव्यतिकरेण मनोऽधिनाथे
बाला रसान्तरमिदं ललितं बिभर्ति ॥ १०० ॥

विज्ञातनायिकाचित्ता सखी वदति नायकम् ।
नायको वा सखीं तस्याः प्रेमाभिव्यक्तये यथा ॥ १०१ ॥

॥ तत्र नायकं प्रति नायिकाभिप्रायसूचकवाक्योदाहरणम् ॥

कण्टकिततनुशरीरा लज्जामुकुलायमाननयनेयम् ।
तव कुमुदिनीव वाञ्छति नृचन्द्र बाला करस्पर्शम् ॥ १०२ ॥

1) A स हि दृ° न हि युवा C *om.* न D स न 2) *om.* ADE; C *om.* प्रिय C °दीक° 3) A रन्तुं C रंतुं D रतुं 4) A पश्यन्त· भि° C °मपि ज° A विवक्ते AC °क्ते स्तज्जया यथा 5) *om.* ADE; B अथ त° C तथैव तदुदा° 6) C हृदि क्षत एव E *om.* from त एव to ति l. 2 7) D चाधरेण 9) C adds: ॥ अथ सखीवाक्यं च ॥ 10) BE °नायका° C °चिंता 11) E प्रेम्णोऽभि° 12) *om.* AE; B ॥ तत्र नायकसखीं प्रति नायिकोचे ॥ D *om.* वाक्य 13) B °राल्लज्जा° 14) C कुमुदीव D कुमुदिनीवाकांक्षति

॥ ततः सखीं प्रति नायकवाक्यम् ॥

संतापयन्ति शिशिरांशुरुचो यदेते
संमोहयन्ति च विनिद्रसरोजवाताः ।
यत्स्विद्यते तनुरियं च तदेष दोषः
सख्यास्तवैव सुतनु प्रचुरत्रपायाः ॥१०३॥

॥ अथ मुग्धाचेष्टितलक्षणम् ॥

अपश्यन्तीव सा कान्तं स्फारिताक्षी निरीक्षते ।
दूरादालोकयत्येव सखीं स्वजति निर्भरम् ॥१०४॥

निर्निमित्तं हसन्ती च सखीं वदति किं चन ।
सव्याजं सुन्दरं किं चिद्गात्रमाविष्करोति च ॥१०५॥

सख्या प्रस्थापितां मालां काश्च्यादि रचयेत्पुनः ।
चेष्टां च कुरुते रम्यामङ्गभङ्गैः शुभैर्यथा ॥१०६॥

॥ अथ प्रियतमेऽनुरागदृष्टिविशेषोदाहरणम् ॥

1) *om.* ADE; B तत्र 2) A यत्नाप° E वयत्नाप° D °रांशुकरा B margin. corr. यदेताः C यदैते 3) DE मां मोह° D सरोजविनिद्रवाताः 4) B, C 1. hd. यत्स्विद्यते D स एष दोष्वः E °रिय स च दोष एष 6) *om.* ADE; B *om.* अथ BC °चेष्टितोदाहरणं 7) A अपश्यन्तं तु कामार्तं C अपश्यंतं च D अपश्यंती तु E अपश्यंतं त्रु C स्फारीता° 8) A °यत्येष CE °यत्येषा D °लोकयंत्यत्र C सखीस्वजन 9) A वदन्तीव B हसंतीव 10) AE सव्याजसु° BCDE °विःकरोति 11) C *om.* stanza 106; A साख्यापि स्था° B margin: स्वस्थानं स्थापयेन्मा D सख्योपपादितां E साख्यादिस्थापितं माला A स्थापि· बाला 12) A रम्यां सङ्गभङ्गैश्शु° 13) *om.* AE; B ॥ प्रियतमे नुरागमाह ॥ C ॥ प्रियतमे मुरागादृ° D ॥ प्रियतमे नुरागाभिव्यंजकादिविशे°

अभिमुखगते तस्मिन्नेव प्रिये बहुशो वद-
त्यवनतमुखं तूष्णीमिव स्थितं मृगनेत्रया ।
अथ किल चलद्दीलालोलं स एव तथेङ्गितः
कथमपि यथा दृष्ट्वा मन्ये कृतं श्रुतिलङ्घनम् ॥१०७॥

॥ अथ प्रियतममुद्दिश्यानुरागाभिव्यञ्जकप्रियसखीसमालिङ्गनोदाहरणम् ॥

तिर्यग्वर्तितगात्रयष्टिविषमोद्वृत्तस्तनास्फालना-
त्त्रुट्यन्मौक्तिकमालया सपुलकस्वेदोल्लसद्गण्डया ।
दूरादेव विलोकयत्यभिमते तद्वक्त्रदत्तेक्षणं
दुर्वारस्मरया तया सहचरी गाढं समालिङ्गिता ॥१०८॥

॥ उद्धतमन्मथोत्थचेष्टितोदाहरणानि श्लोकत्रयेणाह ॥

अनिमित्तं यद्विहसति निष्कारणमेव यत्सखीं वदति ।
दयितं विलोक्य तदियं शंसति तदधीनमात्मानम् ॥१०९॥

प्रादुष्यद्भुजमूलकान्तिललितामुच्चम्य दोर्वल्लरीं
वल्गत्पीनपयोधरस्थलचलन्मुक्तावलीसुन्दरम् ।

1) AD यस्मिन्नेव 2) B त्यनवत° C °मेवास्थितं 3) B चलल्लज्जा° 4) A दृष्ट्वा C मन्ये दृष्ट्वा A कृति 5) *om.* ADE; BC *om.* अथ.; B only: ॥ सहचरीसमालिंगनोदाहरणं ॥ 6) AB तिर्यग्वक्रित° D °मो वृ° CDE °लन-त्रुट्य° 7) A सुपुल° D सपुलकं A °द्गात्रया 8) A °कय ·मि° C °भिहंते 9) ACE °स्मरतापया C प्रियसखी 10) *om.* ADE; B उद्यन्मन्मथचेष्टा श्लोकत्रयेणा 11) E यडसति A *om.* ति BCE निःकार° AC *om.* यत् A यद्वदति 12) C तविदं 13) B °कांतिकलतामु° D °कांतिलतिकागु° A °द्वय दो° 14) A °स्थल ·ल° C °चलान्मु° D °लुठमु° E °लुलन्मु°

अङ्गुल्यग्रचलत्कलापवलयध्वानोपकृतस्मरं
तन्व्याः कुञ्चितलोचनं विजयते तत्कर्णकण्डूयनम् ॥११०॥

स्रजोऽवतंसं रशनां च किं चित्प्रियं समालोक्य समासजन्ती ।
पुनस्तरां सा सुहृदो ददाति प्रत्यङ्गमावासमिव स्मरस्य ॥१११॥

व्याजृम्भणोल्लासितदन्तमयूखजालं
व्यालम्बमौक्तिकगुणं रमणे मुदेव ।
ऊर्ध्वं मिलद्भुजलतावलयप्रपञ्च-
सत्तोरणं हृदि विशत्यपराध्युवास ॥११२॥

अन्योऽपि करोत्येतत्सर्वमुद्धतमन्मथा
दुरवस्था पुनः कान्तमभियुङ्क्ते स्वयं यथा ॥११३॥

॥ तद्वचनोदाहरणम् ॥

उल्लंघ्यापि सखीवचः समुचितामुत्सृज्य लज्जामलं

1) BE अंगुल्या प्रचलत्क° B °त्कपोल° A °लापि° D °लापविलसत्वा-नोप° A °यस्यानो° C °स्वानो° E °त्कर्लापवलयस्वानो° 2) A तन्व्या C सख्याः D तन्याः A °चनं समभवत्कर्णास्य क° 3) BCDE रसनां D तयालोक्य E सदालोक्य AC समाश्रयन्ती D समासृजंती 4) D पुरस्तरां A प्रत्यग्रम° AC °मायास° 5) A °मयूखमाल- B °मरीचिजालं C °जाल E मयूषजाल 6) BD व्यालंबि E व्यालं। बे C रमणेन CDE मुदेव 7) B ऊर्ध्वमि° D ऊर्द्ध लसद्भुजलतावतावलय° 8) A सन्तोरणं D सतो° In A the r. विशत्य° is intimated. B वसत्य° CE विशत्य° AC °रा व्युदासे E ऽध्यवास 9) C °तत्पूर्व° A °मुधत° B °मुद्धत D °मुधत° A °यात् 10) D दूरावस्थं C °स्था च सा ABDE °युक्ते 11) *om.* ADE; B तद्वचने श्लोकः 12) A समुदितामुल्लङ्घ्य लज्जानदीं B समुचितमुत्सृज्य लज्जाभरं CE °तामुन्मूल्य C लज्जामृ (sic)

छित्वा भीतिभरं निरस्य च निजं सौभाग्यगर्वं मनाक् ।
आज्ञां केवलमेव मन्मथगुरोरादाय नूनं मया
त्वं निःशेषविलासिवर्गगणनाचूडामणिः संस्थितः ॥११४॥

॥ एतस्याः प्रियदर्शने सुखानुभवस्वरूपम् ॥

चक्षुर्मीलति सानन्दं नितम्बः प्रस्रवत्यपि ।
वेपते च तनुस्तन्व्यास्तस्यास्तद्दर्शने यथा ॥११५॥

॥ तथैवोदाहरणम् ॥

मीलन्मन्थरचक्षुषा परिपतत्काञ्चीग्रहव्यग्रया
गाढानङ्गभरस्रवज्जघनया कम्पोपरुद्धाङ्गया ।
सर्वाङ्गीश्चटुकारको ऽप्यबलया संकेतके कौतुका-
दास्तां रन्तुमहो निरीक्षितुमपि प्रेयान्न संभावितः ॥११६॥

॥ अथ नायकं प्रति मुग्धावस्थाभिव्यञ्जकसखीवचनेन लक्षणोदाहरणावाह ॥

नाभियुङ्क्ते स्वयं कन्या मुग्धत्वाद्दुःस्थितापि तम् ।
तदवस्थां तु कान्ताय तत्सखी कथयेद्यथा ॥११७॥

1) C त्यक्त्वा E भित्वा 2) B आज्ञा D °दाय मूर्ढा मया 3) A °विलास° E °लासं सिवणना° C °गणानं BE °मणे 4) *om.* ADE; B ॥ अथ प्रियदर्शनानुषंगः ॥ C °भववस्व° 5) B दिगालोकास्यसंशोषो नितं प्रश्रवत्यपि A नितम्बं 6) E °स्तन्वी तस्या° 7) *om.* ACDE 8) D परिलसत्कां° 9) In B the r. गाढानन्द° is mentioned; AE °स्रवद्गमणाया BD °श्रवज्ज° 10) A सर्वाङ्गं च° B सर्वांगं C सवंगि E सर्वांगं CD °कारके E °कारकाऽप्य° 12) *om.* ADE; B only ॥ नायकं प्रति मुग्धावस्था ॥ C °व्यञ्जक° C °णोदाहरणोचाह 13) BCD °युङ्क्ते E °युंक्ति B °द्रुदुस्थि° CD °त्वादुस्थि° A ताम् 14) ACE तदवस्था A तत्सखे

निःश्वासेषु स्खलति कदलीवीजनं तापसंप-
न्नेत्राम्भोभिर्झटिति पतितैः सूच्यते तत्स्तनान्तः ।
तस्याः किं चित्सुभग तदभूत्तानवं त्वद्वियोगा-
द्येनाकस्माद्वलयपदवीमङ्गुलीयं प्रयाति ॥११८॥

अनन्यशरणा स्वीया रतहार्या पराङ्गना ।
अस्यास्तु केवलं प्रेम तेनैषा रागिणां मता ॥११९॥

॥ अथ वेश्यालक्षणम् ॥

सामान्यवनिता वेश्या सा वित्तं परमिच्छति ।
निर्गुणेऽपि न विद्वेषो न रागः स्याद्गुणिन्यपि ॥१२०॥

तत्स्वरूपमिदं प्रोक्तं कैश्चिद्ब्रूमो वयं पुनः ।
बलवत्यानया युक्त्या तासामप्यनुरागिताम् ॥१२१॥

शृङ्गाराभास एव स्याद्यदि ता रागवर्जिताः ।
तद्व्यापारोऽथ वा तासां स्मरः किं भक्तितो बकैः ॥१२२॥

[1]) BDE निश्वा° A निश्श्वासे यत्स्खलति A °वेजनं C *om.* संप B °म्भोभिः स्थगितपतितैः D न्नेतांभोभिश्चिरनिपतितैः A °र्झडिति E °भिः स्थिमितिपतिते E सिच्यते दाहि स्त° A सूच्यते · · नान्तः B °ते च स्त° B तत्स° [3]) E °योर्गे यैना° [5]) A स्वेया धनहार्या C चनहार्या A तेनैषां C रागिणो [7]) *om.* BDE; A ॥ अथ वेश्या वर्ण्यते ॥ [9]) E पि न च द्वेषो A विद्वेष्यो AD नानुरागो गुणेष्वपि (D गुणि°) C न दोषः स्यान्नानुरागो गुणिन्यपि [10]) A कश्चिद्ब्रूमो [11]) A बलवन्त्या° CE वर्ण्यंत्यनया (C °त्या) A युक्ता नासा° E तस्यामप्य° AE °रागिता [12]) AC °रभास E °भाव D तां रागवर्जितां B °र्जिता [13]) E न व्यापारो BCD वकैः

तस्मात्तासामपि क्वापि रागः स्यात्किं तु सर्वदा ।
धनार्थं कृत्रिमैर्भावैर्ग्राम्यान्व्यामोहयन्ति ताः ॥१२३॥

लिङ्गी प्रच्छन्नकामश्च नर्मन्यश्च षण्ढकः ।
सुखप्राप्तधनो मूर्खः पितृवित्तेन गर्वितः ॥१२४॥

इत्यादीन्प्रथमं ग्राम्याञ्ज्ञात्वाकृष्य च तद्धनम् ।
अपूर्वा इव मुञ्चन्ति तानेतास्तापयन्ति च ॥१२५॥

किं तु तासां कलाकेलिकुशलानां मनोरमम् ।
विस्मारितापरस्त्रीकं सुरतं जायते यथा ॥१२६॥

॥ तदुदाहरणम् ॥

गाढालिङ्गनपीडितस्तनतटं स्विद्यत्कपोलस्थलं
संदष्टाधरमुक्तसीत्कृतमतिभ्रान्तभ्रु नृत्यत्करम् ।
चाटुप्रायवचो विचित्रमणितं घातैर्नखैश्चाङ्कितं
वेश्यानां धृतिधाम पुष्पधनुषः प्राप्नोति धन्यो रतम् ॥१२७॥

1) B स्यात्किं न AC सर्वथा 2) A °ग्राम्यान्संमोह° C °र्भावै ग्राम्यं भावै व्यामोहयंति ताः E °र्ग्राम्य व्या° 3) B प्रछन्नभावश्च AC नर्मन्यश्च A श्रापटकः BC खंडकः D पंडकः E खंढकः 4) E मूर्षः B पितृवत्नेन E दर्प्पितः 5) B इत्यादि प्रथमं ज्ञात्वा सम्यक्क्षर्यंति तद्धनं C इत्यादि प्र° ग्राम्यं ज्ञात्वाकृत्स्य च D °म ग्राम्यान् त्रुत्काकृष्य च E इत्यादि प्र° ग्राम्या ज्ञात्वाकृ° 6) D अपूर्वमिव E अपूर्वानिव 7) C °केलिः 8) A विस्मितानां पर° 9) *om.* ACDE 11) D संदृ° B °तमभि° C तमभिभ्रांत्या प्रनृत्य° D °तमभिभ्राम्यद्भु E °तमभीभ्रातभ्रु 12) D corr. °भणितं D घातैः क्षतैश्चांकितं E घातेकृतेश्चाकितं 13) A °धनुषा C °धनुषो AC धन्यो रतं सेवते

॥ पुनरपि वेश्याप्रशंसा श्लोकत्रयेण ॥

ईर्ष्या कुलस्त्रीषु न नायकस्य निःशङ्ककेलिर्न पराङ्गनासु ।
वेश्यासु चैतद्द्वितयं प्ररूढं सर्वस्वमेतास्तदहो स्मरस्य ॥ १२८ ॥

कुप्यत्पिनाकिनेत्राग्निज्वालाभस्मीकृतः पुरा ।
उज्जीवितः पुनः कामो मन्ये वेश्याविलोकितैः ॥ १२९ ॥

आनन्दयन्ति युक्त्या ताः सेविता घ्नन्ति चान्यथा ।
दुर्विज्ञेयाः प्रकृत्यैव तस्माद्वेश्या विषोपमाः ॥ १३० ॥

॥ अथ नायिकानामानि ॥

स्वाधीनपतिकोत्का च तथा वासकसज्जिका ।
अभिसंधिता विप्रलब्धा खण्डिता चाभिसारिका ॥ १३१ ॥

प्रोषितप्रेयसी चैव नायिकाः पूर्वसूचिताः ।
ता एवात्र भवन्त्यष्टाववस्थाभिः पुनर्यथा ॥ १३२ ॥

॥ अथ स्वाधीनपतिकालक्षणम् ॥

यस्या रतिगुणाकृष्टः पतिः पार्श्वं न मुञ्चति ।
विचित्रविभ्रमासक्ता सा स्वाधीनपतिर्यथा ॥ १३३ ॥

1) *om.* ACDE 2) A इच्छा C कल° B नु 3) B वैश्यासु C प्रसिद्धं 5) A यज्ञो° D पुनर्माारो A °वलोकनैः BC °वलोकितैः D °विलोकनैः 6) C °यत्यु° A युक्त्यास्ताम् B सेविताः C नान्यथा 7) A तस्माद्वेष्या BD °पमा 8) *om.* ADE; B अथातः अष्टनायिकामाह C अत्र 9) A °पतिकैका च E °पतिकृत्का च A तथा · · सक° 10) D *om.* अभि A *om.* ता E *om.* वि DE °ब्धा च C °ताभिचा° 11) D चेति E नायकाः 12) D एता एवमवंत्य° 13) *om.* ADE 15) D विचित्रमंगना कृष्टा B °माशक्तः स्वाधीनपतिका यथा

॥ तथोदाहरणम् ॥

लिखति कुचयोः पत्त्रं कण्ठे नियोजयति स्रजं
तिलकमलिके कुर्वन्गण्डादुदस्यति कुन्तलान् ।
इति चटुशतैर्वारं वारं वपुः परितः स्पृश-
न्विरहविधुरो नास्याः पार्श्वं विमुञ्चति वल्लभः ॥१३४॥

॥ अथोत्कालक्षणम् ॥

उत्का भवति सा यस्याः संकेतं नागतः प्रियः ।
तस्यानागमने हेतुं चिन्तयत्याकुला यथा ॥१३५॥

॥ अथोत्कोदाहरणम् ॥

किं रुद्धः प्रियया कया चिदथ वा सख्या समुद्वेजितः
किं वा कारणगौरवं किमपि यन्नात्रागतो वल्लभः ।
इत्यालोच्य मृगीदृशा करतले संस्थाप्य वक्त्राम्बुजं
दीर्घं निःश्वसितं चिरं च रुदितं क्षिप्ताश्च पुष्पस्रजः ॥१३६॥

॥ अथ वासकसज्जालक्षणम् ॥

1) *om.* ACDE 2) BCDE पत्रं 3) A कुर्वन्नागादु° C कुर्व्रन् रागीदु° D कुर्व्रन्नर्वानुद° E कृर्वन सर्याादु° B °दुदस्य च 4) C वयः A स्पृशद्र 5) B यस्याः C वास्याः B न मुंचति 6) *om.* ADE; B *om.* लक्षणं 7) A उत्का ACE यस्या AE वासके 8) D तस्याः ना° D चिंतयंत्या° 9) *om.* cdd. 10) C ममोद्वेजितः D ममोद्वे° E ममोहे° B °जितेः 11) A यन्नाथारतिर्वल्लभः C यन्नागतो DE यन्नाथागतो 12) D °लोक्य 13) A निश्श्वतं B निस्वसितं C निश्वासितो D निःश्वसित E दोर्घन्निःस्वसिवं C च रुचिर 14) *om.* ADE; B वासकशय्याया ल°

भवेद्वासकसज्जासौ सज्जिताङ्गरतालया ।
निश्चित्यागमनं भर्तुर्द्वारेक्षणपरा यथा ॥ १३७ ॥

॥ अथ वासकसज्जोदाहरणम् ॥

दृष्ट्वा दर्पणमण्डले निजवपुर्भूषां मनोहारिणीं
दीपार्चिःकपिशं च मोहनगृहं त्रस्यत्कुरङ्गीदृशा ।
एवं नौ सुरतं भविष्यति चिरादद्येति सानन्दया
कामं कान्तदिदृक्षया विलसिता द्वारे दृगारोपिता ॥ १३८ ॥

॥ अथाभिसंधितालक्षणम् ॥

निरस्तो मन्युना कान्तो नमन्नपि यया पुरा ।
दुःस्थिता तं विना साभिसंधिता कथिता यथा ॥ १३९ ॥

॥ अथाभिसंधितोदाहरणम् ॥

यत्पादप्रणतः प्रियः परुषया वाचा स निर्वासितो
यत्सख्या न कृतं वचो जडतया यन्मन्युरेको धृतः ।

[1]) D भवेद्वा सज्ञा सा D °लता° A °लये [2]) A निश्चत्या° D °क्षया परा [3]) *om.* ACDE; B ॥ वासकशय्योदाहरणं ॥ [4]) C *om.* मण्डले C °वपुरुषां [5]) B °कपिशां B °गृहे E °गृहं तन्व्या कु° [6]) D नः C सुतरां [7]) B कामदिदृ° A तिलकिता C तिलधित्या DE °क्षयातिललिता (D °त) [8]) *om.* ADE; B *om.* लक्षणं [9]) A यथा पुनः C पुरा यया B पुनः [10]) B दुःखिता C °संधितेति मता यथा A कथिता बुधैः [11]) *om.* CDE; B *om.* अथ A only ॥ यथा ॥ [12]) A प्रिया D पतिः E पुरुषया B निर्भर्त्सितो D निर्वारितो [13]) D यन्मन्यु इवादृतः A वृतः

पापस्यास्य फलं तदेतदधुना यच्चन्दनेन्दुद्युति-
प्रालेयाद्रिसमीरपङ्कजबिसैर्गात्रं मुहुर्दह्यते ॥ १४० ॥

॥ अथ विप्रलब्धालक्षणम् ॥

प्रेष्य दूतीं स्वयं दत्त्वा संकेतं नागतः प्रियः ।
यस्यास्तेन विना दुःस्था विप्रलब्धा तु सा यथा ॥ १४१ ॥

॥ अथ विप्रलब्धोदाहरणम् ॥

यत्संकेतगृहं प्रियेण कथितं संप्रेष्य दूतीं स्वयं
तच्छून्यं सुचिरं निषेव्य सुदृशा पश्चाच्च भग्नाशया ।
स्थानोपासनसूचनाय विगलत्सान्द्राञ्जनैरश्रुभि-
र्भूमावक्षरमालिकेव रचिता दीर्घं रुदत्या शनैः ॥ १४२ ॥

॥ अथ खण्डितालक्षणम् ॥

कुतश्चिन्नागतो यस्या उचिते वासके प्रियः ।
तदनागमसंतप्ता खण्डिता सा मता यथा ॥ १४३ ॥

1) D प्रायस्तस्य फलं B यचंदनं दुक्षति C यच्चदनं दुधुति E यच्चदकिः सानां दुद्युति A °च्युति 2) A प्रालेयांशु° CD °यांवु° E °याम्बु° A °विषै° B °विशै° CD °विसै° E °बिशे° 3) *om.* ADE; B *om.* लक्षणम् 4) E प्रेक्षय D गत्वा 5) B दुस्था C दुत्वा D दुंस्थां E दुःस्था प्रलब्धा साभवयया BCD °लब्धा च 6) *om.* ACDE 7) In A the r. यत्स× केत° is mentioned. E संप्रेक्ष्य 8) B तत्सूंन्यं (sic) C हत्वान्यं D निवेष्य A *om.* सुदृ 9) D °पायन° B °श्रू-चनाय A °स्रुभि- 10) ACE लिखिता B निहिता BDE रुदंत्या C रुदंत्याग्रात्या 11) *om.* ADE; B *om.* लक्षणम् 12) C यस्य D वासरे E वासिके 13) D तदागमन° B °संप्राप्ता

॥ तथोदाहरणम् ॥

सोत्कण्ठं रुदितं सकम्पमसकृद्ध्यातं सबाष्पं चिरं
चक्षुर्दत्तं निवेशितं सकरुणं सख्या समं जल्पितम् ।
नागच्छत्युचितेऽपि वासकविधौ कान्ते समुद्विग्नया
तत्तत्किं चिदनुष्ठितं मृगदृशा नो यत्र वाचां गतिः ॥१४४॥

॥ अथाभिसारिकालक्षणम् ॥

या निर्लज्जीकृता बाढं मदेन मदनेन वा ।
अभियाति प्रियं साभिसारिकेति मता यथा ॥१४५॥

॥ तथोदाहरणम् ॥

नो भीतं तडितो दृशा जलमुचां तद्दर्शनाकाङ्क्षया
नो गर्जिर्गणिता भृशं श्रुतिसुखं तद्वाचि संचिन्त्य च ।
धारापातसमुद्भवा न च मता पीडा तदालिङ्गनं
वाञ्छन्त्या दयिताभिसारणविधौ तन्व्या परं तत्वरे ॥१४६॥

॥ अथ प्रोषितपतिकालक्षणम् ॥

1) *om.* ACDE 2) B °सकृद्धात्रं; in margin r. of the text. ABCD सवाष्पं E सबाष्पो D चिराच् 3) A निरोपितं 4) D वासर° 5) CE *om.* तत् once B °नुष्ठितं CDE °नुष्टितं 6) *om.* ADE; B *om.* लक्षणम् 7) BD निर्लज्जा कृ° A गाढं BC वाढं D वाला ADE मदनेन मदेन D च A °सारिकोति B °सारिकाभिमता D °सारिका कथिता C only has अभियाति ज्ञाभिसारिकैति मता ॥ 9) *om.* ACDE 10) A भीतिं A न वा instead of दृशा 11) A गर्जिर्गु° (sic) DE गर्जितैर्गणिता C गर्जतंगणितं A °सखं C तद्वा सं° 12) A °समुद्भता CD न गणिता E न च मनाक् B °लिंगनेर् 13) B गच्छंत्या 14) *om.* ADE; B ॥ अथ प्रोषिता ॥

कुतश्चित्कारणाद्यस्याः पतिर्देशान्तरं गतः ।
दत्त्वावधिं भृशार्ता सा प्रोषितप्रेयसी यथा ॥ १४७ ॥

॥ अथोदाहरणम् ॥

उत्क्षिप्यालकमालिकां विलुलितामापाण्डुगण्डस्थला-
द्विश्लिष्यद्वलयप्रपातभयतः प्रोन्नम्य किं चित्करौ ।
द्वारस्तम्भनिषण्णगात्रलतिका केनापि पुण्यात्मना
मार्गालोकनदत्तदृष्टिरबला तत्कालमालिंग्यते ॥ १४८ ॥

निःश्वाससंतापसखीवचोभिश्चिन्ताश्रुपातादियुता सखेदा ।
वाच्या प्रलब्धा गतभर्तृकोत्काभिसंधिता खण्डितया स-
क्तात्र ॥ १४९ ॥

विचित्रमण्डना हृष्टा भवेत्स्वाधीनभर्तृका ।
तथा वासकसज्जापि सा किं त्वागन्तुकप्रिया ॥ १५० ॥

कुलजान्याङ्गना वेश्या त्रिधा स्याद्भिसारिका ।
यथैवोक्तास्तथैवान्याः स्वाधीनपतिकादयः ॥ १५१ ॥

1) C कुतचि° 2) D *om.* सा D गद्योषि° B मता 3) *om.* ACDE 5) A °द्वलय · · · भयतः ACD प्रोन्नम्य B का चित्क° 6) D °विषन्न° 7) B °मालिंगिता B adds: ॥ इति नायकोदाहरणं ॥ C ॥ इत्यष्टनायिकोदाहरणानि ॥ 8) BCE निश्वा° D °सखीजनोक्तिः चिताश्रु° E °सखीत्रचोर्त्ति° B °चोभिर्भृशाश्रु° A °श्रुतापादि° C °युताः सखेदाः 9) A वाच्य B या विप्र° C ता विप्र° C °धिताः 10) CE °नासक्ता भ° 11) B स्यात्कि त्वागंतु° D °पि किं तु सागंतु-कप्रिया 12) A कुलटा° 13) C °क्ता तथा नान्या D °स्तथा चान्याः B °वान्या D °वात्माः D °पतिका तथा

॥ अथ स्वकीयापरकीयाभिसारिकालक्षणम् ॥

कुलजा संवृता त्रस्ता सव्रीडा तद्गृहं व्रजेत् ।
नायकं परनारी तु समन्तादनवेक्षिता ॥ १५२ ॥

॥ अथ वेश्याभिसारिकालक्षणम् ॥

सखीयुक्ता मदाधिक्यात्स्फारिताक्षी त्वशङ्किता ।
सशब्दाभरणा कामं वेश्या सरति नायकम् ॥ १५३ ॥

त्रयोदशविधा स्वीया द्विविधा च पराङ्गना ।
एका वेश्या पुनश्चाष्टाववस्थाभेदतो मताः ॥ १५४ ॥

पुनश्च तास्त्रिधा सर्वा उत्तमामध्यमाधमाः ।
इत्थं शतत्रयं तासामशीतिश्चतुरुत्तरा ॥ १५५ ॥

॥ अथोत्तमालक्षणम् ॥

दोषानुरूपकोपा यानुनीता च प्रसीदति ।
रज्यते च भृशं नाथे गुणाद्कार्यैोत्तमेति सा ॥ १५६ ॥

1) *om.* ADE; C °परकीयावेश्याभि°   2) A कुलटा ABC सव्रीडं A च द्रुतं (sic) व्र° E च द्रुतं व्रजेत   3) E च A सदान्यैरनवीक्षिता D सर्वदान्यैर्-वीक्षिता E सदान्यैरप्यवीक्षिता In B margin the gloss दृष्टा is written   4) *om.* ACE   5) B सख्या यु° D °युता मदविष्टा स्फा° C °धिक्या स्फा° AE °क्षी न श्चा° C °क्षी चमत्कृता D °क्षी नरांकिता   7) From this line to stanza 164, 2 lost in A   8) D °भेदतां गताः E °भेदतोऽत्र ताः AB मता   9) C तास्त्रिधा भिन्ना CD उत्तमाधममध्यमाः   10) B °त्तरः E °त्तर   11) *om.* DE   12) E सु प्रसी°   13) C °त्तमा यथा

॥ अथोत्तमोदाहरणम् ॥

कान्ते किं कुपितासि कः परजने प्राणेश कोपो भवेत्
कोऽयं सुभ्रु परस्त्वमेव दयिते दासो ऽस्मि किं ते परः ।
इत्युक्त्वा प्रणतः प्रियः क्षितितलादुत्थाप्य सानन्दया
नेत्राम्भःकणिकाङ्किते स्तनतटे तन्व्या समारोपितः ॥ १५७ ॥

॥ अथ मध्यमालक्षणम् ॥

दोषे स्वल्पेऽपि या कोपं धत्ते कष्टेन तुष्यति ।
प्रयाति कारणाद्रागं मध्यमा सा मता यथा ॥ १५८ ॥

॥ अथ मध्यमोदाहरणम् ॥

प्रस्फारस्फुरिताधरापि विलसद्गण्डस्थलप्रस्खल-
द्घर्माम्भःकणिकापि भङ्गुरतरभ्रूभेदभूषाप्यलम् ।
पादान्तप्रणते प्रिये प्रकटयत्यन्तःप्रसादं प्रिया
केशान्नूपुरमण्डलीशबलितानुन्मोचयन्ती शनैः ॥ १५९ ॥

॥ अथाधमालक्षणम् ॥

1) *om.* CDE; B *om.* अथ 2) C किं B परिजने 3) B परस्त्वमेव 4) C °त्क्रा D °त्का E °क्ता E प्रणतं C *om.* तः D पतिः C °दुत्थाय सावंदया 5) D °कांचिते In D the st. बाले नाथ Amaru v. 53 (= Ind. Sprüche 4443) is interpolated 6) *om.* DE; C ॥ अथ मध्यलक्षणां ॥ 7) In B st. 158 is *om.* C मुचति E मुंचति 9) *om.* cdd. 10) B *om.* प्र C प्र-स्फारत्स्फु° D °धरा प्रविलसद्ग° 11) E °रतरं CE °भ्रूभंग° 12) D पादांते प्र° E पादांतःप्र° C प्रियो 13) D °ले श° BCD °शवलि° 14) *om.* DE; B *om.* लक्षणम्

या कुप्यति विना दोषैः स्निह्यत्यनुनयं विना ।
निर्हेतुकप्रवृत्तिश्च चलचित्तापि साधमा ॥१६०॥

॥ अथाधमोदाहरणम् ॥

यत्राधःकृतकामकार्मुककथोद्दाम्यद्भ्रुवोर्विभ्रमः
सद्यःप्रोद्गतचन्द्रकान्तिजयिनी यस्मिन्कपोलच्छविः ।
यत्र स्वेदकणावलुप्तमहिमा हारोऽप्युरोजस्थले
कोऽयं मानिनि मत्प्रसादविमुखः प्रत्यग्रमानग्रहः ॥१६१॥

जातिकालवयोऽवस्थाभावकन्दर्पनायकैः
इतरा अप्यसंख्याः स्युर्नोक्ता विस्तारभीतितः ॥१६२॥

इत्यादि सकलं ज्ञात्वा स्वयं चालोक्य तद्विदाम् ।
कवीनां च विशेषोक्त्या ज्ञातव्याः सकला इमाः ॥१६३॥

रोमाञ्चवेपथुस्तम्भस्वेदनेत्राम्बुविभ्रमाः ।
वाच्याः संभोगशृङ्गारे कविना नायिकाश्रिताः ॥१६४॥

संबन्धिमित्रद्विजराजतीक्ष्णवर्णाधिकानां प्रमदा न गम्याः ।

1) C स्निग्धत्यनुयं 2) D °वृतिश्च C °श्च लचि° E °चित्रेति E साधमाः 3) *om.* CDE 4) In C काम twice 5) C °चंप्रविम्बज° D °चंद्रविंवज° E °चंद्रबिंबज° 6) B °वलिप्त° C °कपौविलुप्त° D °पावुल्प्त° (sic) 7) B कामिनि मत्प्रपामवि° 8) C वयो twice E जातिरूपकलावस्था° 9) B पुनस्ता अप्य° DE विस्तर° 10) D चालोच्य B ज्ञातव्या 13) Here A recommences. A वेश्यास्सं° B कविनायका° D कविनायिका° ACE नायका° 14) C *om.* राज C °तोक्ता° D °होन° A °अर्णादिकानां

व्यङ्गास्तथा प्रव्रजिता विभिन्नमल्लाश्च धर्मार्थमनोभवज्ञैः ॥१६५॥

अनेन मार्गेण विशेषरम्यं संभोगशृङ्गारमिमं वितन्वन् ।
भवेत्कविर्भावरसानुरक्तो विदग्धगोष्ठीवनितामनोज्ञः ॥१६६॥

॥ इति श्रीमद्रुद्रभट्टविरचिते शृङ्गारतिलकाख्ये काव्यालंकारे संभोगशृङ्गारो नाम प्रथमः परिच्छेदः ॥

1) A व्यङ्ग्यास्तथा D व्यंग्या° A °मित्राश्च 2) A रागेण A °रममुं D विदित्वा 3) E °रसानुविद्ध C °गोवनि° 4) B श्रीरुद्रविर° C श्रीरुद्रभट्ट° D श्रीरुद्रभट्ट° E श्रीभट्टरुद्रवि° BC °तिलके D *om.* शृङ्गा° C *om.* काव्या° 5) DE *om.* संभोग° नाम B °शृंगारे *om.* नाम C adds ॥ १ ॥ E समाप्तः

॥ अथ विप्रलम्भलक्षणम् ॥

विप्रलम्भाभिधानोऽयं शृङ्गारः स्याच्चतुर्विधः
पूर्वानुरागो मानाख्यः प्रवासः करुणात्मकः ॥ १ ॥

॥ अथ पूर्वानुरागलक्षणम् ॥

दंपत्योर्दर्शनादेव प्रवृद्धगुरुरागयोः ।
ज्ञेयः पूर्वानुरागोऽयमप्राप्तौ स भवेद्यथा ॥ २ ॥

॥ अथ पूर्वानुरागान्वितनायिकावाक्योदाहरणम् ॥

किं चन्दनै रचय मा च मृणालशय्यां
मा मा ममालि धुनु कोमलतालवृन्तम् ।
मुग्धाग्रदृं विकचपङ्कजयोजनेषु
तत्संगमः परमपाकुरुते स्मराग्निम् ॥ ३ ॥

॥ अथ पूर्वानुरागावस्थास्थितनायकस्वरूपनिरूपणम् ॥

1) E has before: ओः नस्स्मेः तेभ्यः समस्तेभ्यो नमो गुरुभ्यः; *om.* ADE; B *om.* अथ C विलंभ° 2) A °भिज्ञानो 3) A प्रवाच्य× B प्रकाशः 4) *om.* ADE 5) CD समुत्पन्नानुरागयोः (C °ना°) 6) E °प्राप्तो या दशा यथा B संभवे° 7) *om.* ADE; B ॥ अत्र पूर्वानुरागाख्यः विप्रलंभव्रतीवाक्यं रहः सहचरीं प्रति यथा ॥ C °गान्विनायिकापक्षो° 8) A किं चन्दनैरय च मुग्ध मृ° C *om.* च D °सय्यां 9) A म मा 10) A °ज्ञदर्पनेषु 12) *om.* ADE; B ॥ पूर्वानुरागाख्यविप्रलंभावस्था°

यत्सारैरिव पङ्कजस्य घटितं यच्चन्द्रगर्भादिव
प्रोत्कीर्णं यदनङ्गसायकशिखाभासेव संवर्धितम् ।
यत्संसिच्य सुधारसैरिव रतेरास्थानभूमीकृतं
तद्भूयोऽपि कदा सरोरुहदृशः पश्यामि तस्या मुखम् ॥ ४ ॥

मृणालकन्दलीचन्द्रचन्दनाम्बुरुहादिकम् ।
तत्रानयोः स्मरातङ्कशान्तये नैव सेवितम् ॥ ५ ॥

॥ अथ दशावस्थाः ॥

आलोकालापसंरूढरागाकुलितचेतसोः ।
तयोर्भवेदसंप्राप्तौ दशावस्थः स्मरो यथा ॥ ६ ॥

अभिलाषोऽथ चिन्ता स्यात्स्मृतिश्च गुणकीर्तनम् ।
उद्वेगोऽथ प्रलापः स्यादुन्मादो व्याधिरेव च ॥ ७ ॥

जडता मरणं चैव दशमी जायते ध्रुवम् ।
असंप्राप्तौ भवन्त्येतास्तयोर्दश दशा यथा ॥ ८ ॥

॥ अथाभिलाषलक्षणम् ॥

व्यवसायो भवेद्यत्र बाढं तत्संगमाशया ।
संकल्पाकुलचित्तत्वात्सोऽभिलाषः स्मृतो यथा ॥ ९ ॥

1) D यच्चंद्रबिंबादव A °दिवः 2) B °शायक° C °सावक° 3) E रत्तिरा° 4) A यद्भूयो A सदा *om.* दृ 5) A मृपालो° ACD °कदलो° E °लीकंद 6) A °तङ्कं शमयेन्नैव 7) *om.* ACDE 8) A °ढारा° 10) A *om.* stanzas 7 and 8 D स्यान्मृतिश्च 11) B प्रलाप 12) DE दशमं E ज्ञायते C यथा 14) *om.* ADE; B °लाषवत्या ल° 15) BDE वाढं D °संगमेच्छया 16) AD भिलाषो (A ष्व°) मतो

॥ तत्रोदाहरणम् ॥

प्रविशति यथा गेहे ऽकस्माद्बहिश्च विचेष्टते
वदति च यथा सख्या सार्धं सहासमिवोत्सुका ।
दयितवदनालोके मन्दं यथा च चलत्यसौ
मृगदृशि तथा तस्यां शङ्के स्मरेण कृतं पदम् ॥ १० ॥

॥ अथ चिन्तालक्षणम् ॥

कथं स वल्लभः प्राप्यः किं कुर्यां तस्य तुष्टये ।
कथं भवेदसौ वश्य इति चिन्ता भवेद्यथा ॥ ११ ॥

॥ तथोदाहरणम् ॥

सत्यं दुर्लभ एष वल्लभतमो रागो ममास्मिन्पुनः
कोऽप्यन्योऽस्ति गुरुर्न चातिनिपुणाः सख्योऽस्य संबोधने ।
संचिन्त्येति मृगीदृशा प्रियतमे दृष्टे श्लथां मेखलां
बध्नत्या न गतं स्थितं न च गलद्वासो न वा संवृतम् ॥ १२ ॥

॥ अथ स्मृतिः ॥

द्वेषो यत्रान्यकार्येषु तदेकाग्र्यं च मानसम् ।

1) *om.* ACDE 2) D has before: श्रीगणाधीपतये B यथाकस्माद्गेहे वहिश्च CD °द्बहि° E तस्माद्बब° 3) C *om.* च B तथा D भृशं B साकं C °मिहोत्सुका 4) AE दयितनयना° B *om.* च A वल्ल° C यथापि वल्ल° 5) AE तथैतस्यां CD तथैवास्यां 6) *om.* ADE 7) AD स कथं BE सिद्धये 8) B वश्यः 9) *om.* ACDE 10) C सत्यं वल्लभ एष दुर्ल्लभतमो 11) E कोऽन्यश्चातिर्गुरुर्न A पि D न i. of ऽस्ति DE चापि नि° BC °पुणाः 13) CD वधूंत्या E बधूंत्या 14) *om.* ADE 15) A द्वेष्यो न्यत्र च का° B द्वेष्ये C यत्रान्यदोषु E प्रद्वेषोऽन्यत्र का°

श्वासैर्मनोरथैश्चापि चेष्टा तत्स्मरणं यथा ॥ १३ ॥

॥ तथोदाहरणम् ॥

इन्दुं निन्दति पद्मकन्दलदलीतल्पं न वा मन्यते
कर्पूरं किरति प्रयाति न रतिं प्रालेयधारागृहे ।
श्वासैः केवलमेव खेदिततनुर्ध्यायत्यसौ बालिका
यत्तत्कोऽपि युवा सखि स्मरसुहृच्चेतस्यमुष्याः स्थितः ॥ १४ ॥

॥ अथ गुणकीर्तनम् ॥

सौन्दर्यहसितालापैर्नास्त्यन्यस्तत्समो युवा ।
इति वाणी भवेद्यत्र तदिदं गुणकीर्तनम् ॥ १५ ॥

॥ तथोदाहरणम् ॥

तद्वक्त्रं हसितेन्दुमण्डलरुचि स्फारं तदालोकितं
सा वाणी जितकामकार्मुकरवा सौन्दर्यमेतस्य तत् ।
इत्थं संततमालि वल्लभतमध्यानप्रसक्तात्मन-
श्चेतश्चुम्बितकालकूटमिव मे कस्मादिदं मुह्यति ॥ १६ ॥

॥ अथोद्वेगः ॥

1) E °नोरथैश्चा° A चेष्ट · स्म° B चेष्टते स्मर° C चेष्टात (i. e. चेष्टते) E चेष्टा च स्मरणं व्यथा 2) *om.* ACDE 3) D पद्मकांडकदलो° E पद्मकंदं कदली° 5) D स्वासैः AB खिद्यति तनुं (B °नु) ज्ञाताप्यसौ E °तनुर्ज्ञातेत्यसौ 6) D *om.* ऽपि BE ध्रुवं inst. of सखि 7) *om.* DE; A *om.* अथ adds यथा C ॥ अथ गुणकीर्त्तनचेष्टालक्षणोदाहरणे ॥ 9) ADE तदित्थं 10) *om.* ACDE 11) A °मण्डलमिति CDE °मंडलमतिस्फारं 13) A संतमालि D °प्रशक्ता° 14) A °श्चम्बिति का° 15) *om.* DE; A *om.* अथ B °गलक्षणं C °गलक्षणोदाहरणे

यस्मिन्नम्यमरम्यं स्यान्न च हर्षाय किं चन ।
प्रद्वेषः प्राणितव्येऽपि स उद्वेगः स्मृतो यथा ॥ १७ ॥

॥ तयोदाहरणम् ॥

अग्न्यागारं कलयसि पुरश्चक्रवाकीव चन्द्रं
बद्धोत्कम्पं शिशिरमरुता दह्यसे पद्मिनीव ।
प्राणान्धत्से कथमपि बलाद्गच्छतः शल्यतुल्यां-
स्तत्केनासौ सुतनु जनितो मान्मथस्ते विकारः ॥ १८ ॥

॥ अथ प्रलापः ॥

बम्भ्रमीति मनो यस्मिन्नत्यौत्सुक्यादितस्ततः ।
वाचः प्रियाश्रिता एव स प्रलापः स्मृतो यथा ॥ १९ ॥

॥ तथोदाहरणम् ॥

इत्थं तेन निरीक्षितं न च मयाप्येवं समालोकित-
स्तेनोक्तं सुभगेन तत्र न मया दत्तं वचो मन्दया ।
तत्सत्यं कथयालि किं स सुभगः कुप्येन्न मह्यं गत
इत्युक्त्वा सुदृशा कयापि वलितग्रीवं दृशौ स्फारिते ॥ २० ॥

1) B स्यात् न A हर्षो थ 2) D संदेहः A प्रणि° B °तव्यो C °तव्य 3) *om.* ACDE 4) A °गारं and sup. रागं B °कारं 5) B गाढोत्कंठा B दह्यते 6) A चिराद्गच्छतश्च् A °तुल्यास् BD °तुल्यान् C °तुल्यां त° 7) A मन्म° 8) *om.* CDE; A ॥ प्रलापो यथा ॥ 9) A यस्मिन्यात्यौ° 10) A प्रियाश्च ता एव स प्रलापो मतो 11) *om.* ACDE 12) C तं न AC स च B च स E मया सो प्येवमालो° A °कितः D °कितं 13) E तन्न च मया 14) B *om.* स A कुप्येत···इत्यु° B मध्युच्चकैर् D मह्यं चिराद् 15) A °रितौ

॥ अथोन्मादः ॥

श्वासप्ररोदनोत्कम्पवसुधोल्लेखनैरपि ।
व्यापारो जायते यत्र स उन्मादः स्मृतो यथा ॥ २१ ॥

॥ तयोदाहरणम् ॥

देवीवानिमिषेक्षणा विलिखति क्षोणीं श्वसित्युच्चकैः
किं चिद्ध्यायति निश्चलापि बलवद्रोमाञ्चिता कम्पते ।
रोदित्यङ्कगतां विलोक्य सुचिरं वीणामतिव्यापृता
स्वल्पैरेव दिनैरियं वरतनुः केनापि संशिक्षिता ॥ २२ ॥

॥ अथ व्याधिः ॥

संतापवेदनाप्रायो दीर्घश्वाससमाकुलः ।
तनूकृततनुर्व्याधिरष्टमो जायते यथा ॥ २३ ॥

॥ तयोदाहरणम् ॥

तापः शोषितचन्दनोदकरसः श्वासो विकीर्णोत्पलः
कर्पूराभिभवप्रचण्डपटिमा गण्डस्थले पाण्डिमा ।
म्लायद्बालमृणालनालललिता प्राप्ता तनुस्तानवं
तन्वंग्याः कथितः स्मरेण गुरुणा कोऽप्येष कष्टक्रमः ॥ २४ ॥

1) *om.* DE; A ॥ उन्मादः ॥ B °दलक्षणं 2) D स्त्रास° A °प्रमोदनो° DE °धालेख° 3) C °ते न्यत्र AC उन्माद् A मतो 4) *om.* ACDE 5) E °क्षणं C श्वसत्यु° 6) D चिद्व्यापयति C निश्चितापि A °ला च D *om.* पि 7) A °पृतां B °वृता D °वृतां E °पृतिः 8) A केनानुसंश्नि° 9) *om.* ADE 10) C *om.* प्रायो 11) A कृता तनुतनव्या° C तन्व° D तथा 12) *om.* ACDE 13) C शोषित° D °दकभरः A श्वासो वकी° B श्वासाविकी° C श्वासावकी° 14) A कर्पूराभिनवप्रपञ्च° B कर्पूरप्रभवं प्रचंड° D °भवः प्र° 15) A स्थायद्बा° DE °नाललतिका B °स्तावनं 16) AC °ङ्ग्या A नगित° ABC कथित° D थ्येव

॥ अथ जडता ॥

अकाण्डे यत्र हुंकारो दृष्टिः स्तब्धा गता स्मृतिः ।
श्वासः समधिकः कार्श्यं जडतेयं स्मृता यथा ॥ २५ ॥

॥ तथोदाहरणम् ॥

दृष्टिर्निश्चलतारकाधरदलं श्वासैः कृतं धूसरं
प्राप्तं वासरचन्द्रबिम्बपदवीं वक्त्रं विनष्टा स्मृतिः ।
हुंकारः परमेक एव वचनस्थाने स्थितः सांप्रतं
मन्ये ऽस्याः कुसुमायुधः सशिबिरः प्रत्यङ्गमावासितः ॥ २६ ॥

॥ अथ मरणावस्था ॥

उपायैर्विविधैर्नार्या यदि न स्यात्समागमः ।
कन्दर्पशरभिन्नाया मरणं जायते ततः ॥ २७ ॥

पुंसो ऽपि हि भवन्त्येता दशावस्था मनोभवात् ।
मरणं किं त्वसौन्दर्यात्तयोः कैश्चिन्न बध्यते ॥ २८ ॥

अन्ये तदपि बध्नन्ति प्रत्युज्जीवनवाञ्छया ।
वृत्तानुवादे तच्छस्तमुत्पाद्ये प्रायशो न हि ॥ २९ ॥

1) *om.* DE; AB *om.* अथ B adds लक्षणं 2) A अकाले CDE दृष्टि 3) CE श्वासाः समधिकाः (C °मा°) D °धिकं कार्यं A मता 4) *om.* ACDE 5) C °तारिका° A °तलं 7) B वचनः E स्थाने ततः D स्थितं ABD संश्रिविरः CE सश्रारधिः E °मावेष्टितः 9) *om.* ACDE 10) A उपायैर्नतिर्वापि DE °यैर्नतिनैर्नार्या 11) D °शराविद्धाया 12) D मनोभुवः 13) A किं च सौन्दर्यात्तयोः किं च न बाध्यते BD °र्यान्न तु कैश्चिन्निन्न° C न्नपर्यते 14) A °ज्जावन° 15) D °वादेन A तत्सात्यमुद्धान्ये in margin ये B तच्छास्त्रमु° प्रायशोदितं E तत शस्त°

एकस्मिंस्तु मृतेऽप्यन्यो यदि जीवेत्कथं चन ।
का स्नेहगणना तत्र म्रियते चेन्न संगमः ॥ ३० ॥

पूर्वं नारी भवेद्रक्ता पुमान्पश्चात्तदिङ्गितैः ।
ततः संभोगलीलेति स्वभावसुभगा स्थितिः ॥ ३१ ॥

अन्यथापि न दोषः स्याद्यदि प्रेम समं द्वयोः ।
रक्तापरक्तवृत्तिश्चेच्छृङ्गाराभास एव सः ॥ ३२ ॥

अयं च प्रायशस्तज्ज्ञैरित्थं हास्यो निबध्यते ।
निर्धनेन मया सार्धं वेश्ये मानय यौवनम् ॥ ३३ ॥

अनुरक्तो भवेद्यस्यां नायकस्तत्सखीजनम् ।
साम्ना मानेन दानेन बाढमावर्जयत्यसौ ॥ ३४ ॥

तस्याग्रे तत्कथां कुर्वन्स्वाभिप्रायं प्रकाशयेत् ।
तदभावे नियुञ्जीत कां चित्प्रव्रजितादिकाम् ॥ ३५ ॥

तद्द्वारेण समाख्यातस्वभावो ज्ञाततन्मनाः ।
उपचारपरैर्लेखैः साधयेत्तामतन्द्रितः ॥ ३६ ॥

1) E एकस्मिनु A मृते त्वन्यो B मृतेऽन्यो A दवि 2) CD मृयते BE संगतः C संयः D संभ्रमः 3) A पुमान्यश्च तदोङ्गितैः 6) B °वृत्तिश्च शृं° CE °वृत्तिस्तु शृं° B °राभाव 7) B अनेन प्रा° AE हास्येषु B हास्येषुषु C हासे A वध्यते B वध्यते C प्रबध्यते 8) In D this line is put before l. 11. A साकं 9) C भवेयत्र D °जानः 10) A दानेन मानेन D दाने मानेन BD वाढ° 11) B तस्यामेतत्क° E तदग्रे D प्रकासते 12) D न्ययुंजीत D °व्राजिका° BE °व्रजिका° A °व्रजितादिकाः C °व्रजितादिकां 13) B तद्वा° C ताद्वा° D तद्वां° C °तन्मनाः BD °तन्मना 14) B नगाचार° A °र्लेखैर्गादयत्ता° D °र्लेख्यैः

ततो दृष्ट्वा विविक्ते तामिन्द्रजालकलादिभिः ।
प्रयोगैर्ललितैः स्वैरं विस्मयं परमं नयेत् ॥ ३७ ॥

धात्रीसखीवेश्मनि रात्रिचारे महोत्सवे तीव्रभये वने च ।
निमन्त्रणे व्याधिमिषेण शून्ये गृहे तयोर्नूतनसंगमः स्यात् ॥ ३८ ॥

यदा रागो गुरुः सा च लभ्यते नैव याचिता ।
क्षीणोपायस्तदा ह्यन्यां नायकः साधयेत्ततः ॥ ३९ ॥

परस्त्रीगमनोपायः कविभिर्नोपदर्शितः ।
सुन्दरं किं तु काव्याङ्गमिति मत्वा निगद्यते ॥ ४० ॥

वामता दुर्लभत्वं च स्त्रीणां या च निवारणा ।
तदेवं पञ्चबाणस्य मन्ये ऽहं परमायुधम् ॥ ४१ ॥

बहुमानाद्भयाद्वापि नृणामन्यत्र योषिति ।
प्रच्छन्नकामिता रम्या सतामपि भवेद्यथा ॥ ४२ ॥

॥ तथोदाहरणम् ॥

1) C दृष्ट्या A °कथादि° 2) C प्रयोगैर्विविधैः E च परं 3) B चारिचारे महोत्सवो E व्याधिनिते च BE सूत्ये AC गेहे D गृही E गृहि 6) ACE °दा कन्यां B °दा नारीं साधयेन्नामतंद्रितः AE साधयेदिति C साधदिति 7) D °नोपायाः C °भिर्न प्रद° D °र्शिता E °पदिश्यते 8) A काव्यङ्गं सकृत्तस्मान्निग° E काव्यांगमेतत्तेत निदर्श्यते B मत्या 9) From वामता to बोधितां st. 54 lost in A 10) C तदेव D ता एव BD °बापास्य CDE *om.* ऽहं CDE परमना° 12) BDE °कामितं BDE रम्यं BE तासामपि 13) *om.* DE; C तदुदा°

जीर्णं तार्णकुटीरकं निवसनं तल्पीकृतं स्थण्डिले
नीरन्ध्रं तिमिरं किरन्ति सलिलं गर्जन्त्त इते घनाः ।
गच्छामीति वदत्यसावपि मुहुः शङ्काकुला केवलं
चेतश्चित्रमहो तथापि रमते संकेतके कामिनाम् ॥ ४३ ॥

॥ अथ मानप्रकारः ॥

स मानो नायिका यस्मिन्नीर्ष्यया नायकं प्रति ।
धत्ते विकारमन्यस्त्रीसङ्गदोषवशाद्यथा ॥ ४४ ॥

॥ तदुदाहरणम् ॥

किं चिह्नाष्पजलावलेशललिते नेत्रे मनाक्कुञ्चिते
रागो विस्फुरणानुबन्धरुचिरः संदर्शितो गण्डयोः ।
कम्पश्चाधरपल्लवे विरचितः कामं कुरङ्गीदृशा
नो जाने किमयं प्रिये प्रकटितः कोपोऽभिलाषोऽथ वा ॥४५॥

स प्रायशो भवेत्त्रेधा कामिनीनां प्रियं प्रति ।
अवेक्ष्य दोषमेतस्य गरीयान्मध्यमो लघुः ॥ ४६ ॥

॥ अथ गुरुमानः ॥

प्रतिनार्यां गते कान्ते स्वयं दृष्टे नखाङ्किते ।

3) D वदत्स्वसावपि C *om.* शंका 4) CE हरते BCE कामिनो 5) *om.* DE 6) D has before: स मानो नायिकामिनां BE समाना E नायका D यास्मि° C °र्षया 7) C *om.* सङ्ग B °वसा° 8) *om.* D; E मानाख्यविप्रलंभस्य शृंगारस्योदाहरणमाह । 9) C °जलांविले च ल° D °लेय° E °लाविले वि D समाकुंचिते 12) C कोप प्रसादो थ वा D *om.* वा 13) C मानिनीनां 15) *om.* DE; C *om.* अथ B °मानभेदः 16) C प्रतिभार्यां

तद्दासोदर्शने गोत्रस्खलिते च गुरुर्यथा ॥ ४७ ॥

॥ तत्रोदाहरणम् ॥

बिम्बोष्ठः स्फुरति प्रयाति पटुतां गण्डस्थले शोणिमा
यातस्तिर्यगमू दृशौ च बलवद्भ्रूयुग्ममुद्भ्राम्यति ।
इत्थं चण्डि तथा तवैष रुचिरः कोपक्रमो जृम्भते
ज्ञातोऽहं प्रणतीरपास्य सुतरामेतद्विदृक्षुर्यथा ॥ ४८ ॥

॥ अथ मध्यममानः ॥

दृष्टे प्रियतमे रागादन्यया सह जल्पति ।
सख्याख्याते तथा दोषे मानोऽयं मध्यमो यथा ॥ ४९ ॥

॥ तत्रोदाहरणम् ॥

वाचो वाग्मिनि किं तवाद्य परुषाः सुभ्रु भ्रुवोर्विभ्रमो
ऽप्युद्भ्रान्तः कुत एव लोलनयने किं लोहिते लोचने ।
नास्त्यागो मयि किं मुधैव कुपितेत्युक्ते पुरः प्रेयसा
मानिन्या जलबिन्दुदन्तुरपुटा दृष्टिः सखीष्वाहिता ॥५०॥

॥ अथ लघुमानः ॥

सविलासस्फुरच्चक्षुर्वीक्षमाणेऽपरां प्रिये ।

1) B °ते वि C °ते व 2) *om.* CDE 3) D पटतां E पांडिमा 4) C ज्ञाते तिर्य° D याते तिर्य° B च चपलं भ्रू° 5) C तया E कोपस्तथा 6) CE नितरामे° 7) *om.* DE; BC *om.* अथ C मध्यमानः 9) E संख्याते त्र वा होषे CE मानः स्यान्मध्यमो 10) *om.* CDE 11) B वाङ्मिनि C तवात्र CE परुषा B भ्रुवो वि° 12) DE एव 13) B मुधेत्र D पुनः 14) B °रमुखा 15) *om.* DE; BC *om.* अथ; B °मानो यथा 16) DE सविलासं स्फु° BD °क्षमाने C °वीमाने D यं परां BE परा

किं चिदन्यमनस्के च जायते स लघुर्यथा ॥ ५१ ॥

॥ तथोदाहरणम् ॥

मामेव ताडय नितम्बिनि यद्यकस्मा-
त्कोपो भवेत्तव मुखं तु निजं किमेतत् ।
आनीयते शशधरानुकृतिं कपोल-
पालीप्लुतेन घनकज्जलनेत्रवारा ॥ ५२ ॥

देशकालबलात्कोपः प्रायः सद्योऽपि योषिताम् ।
जायते सुखसाध्योऽयं कृच्छ्रसाध्योऽपि कामिनाम् ॥ ५३ ॥

प्रज्वलितोज्ज्वलदीपं रतिगृहमिन्दूज्ज्वलं च सौधतलम् ।
मधुमधुरीकृतमधुकरमधुरध्वनिबोधितं च वनम् ॥ ५४ ॥

इत्यादिषु प्रदेशेषु मानिनीनामसंशयम् ।
मन्युर्गुरुतमोऽप्याशु सुखसाध्यो भवेद्यथा ॥ ५५ ॥

दृष्ट्वा चन्द्रमसं मनोभववधूकेलिक्रियाकन्दुकं

[1]) CD व B °तेऽयं [2]) *om.* CDE [3]) E has before श्रीः [5]) C श्रायते E °कृतिः [6]) D °पालि° C °ते घन° C adds: पतंत्वनारता धारां धरा (read धारा) नृत्यंतु केकिनः । अद्य कांतः कृतांतो वा दुःखस्यांतं करिष्यति ॥ ५३ ॥ cfr. Ind. Sprüche 3881. In C the following stanzas are accordingly numbered higher by one. B adds: ॥ इति मानाः ॥ [7]) CDE सद्योऽपि [8]) E °ध्यो पि यं E कामिभिः [9]) E °लं दीपं B तद्गृहमि° [10]) E मधुविधुरी° AB °धुनि योषितां वचनं With योषितां A recommences. C °धितं वचनं D °तं विपिनं [11]) A कामिनीनाम° [12]) C मानो गु° A सुखसौख्यो In D stanza 55 is placed before st. 54 [13]) C °केलिप्रिया° D °केलिकृपा-कौतुकं

प्रोन्मीलन्नवमालतीपरिमलं चाघ्राय मानीवधम् ।
दीपार्चिःकपिशां विविक्तवलभीमालोक्य लोलदृशा
मानिन्या चटुमात्रकेण रमणे मानो मनाङ् मन्दितः ॥५६॥

मधुसमयशशधरोदयकन्दर्पमहादिकेषु कालेषु ।
मानो मनस्विनीनामतिसुखसाध्यो भवेद्दूरा ॥ ५७ ॥

चन्द्रश्चन्द्रमुखीक्ष्यतां क्षणमियं संभाव्यतां मञ्जरी
चूतस्य स्मरविद्विषि प्रियतमे कोपे ऽपि केयं रतिः ।
इत्युक्ते सुचिरेण तत्करतलं पादाग्रसंवाहना-
द्धुन्वत्याः सुदृशो बलात्पुलकिते जङ्घे च दोर्वल्लरी ॥५८॥

दूतीजनस्य पुरतो लघुरपि कोपो गुरूयते प्रायः ।
अभिनवदोषावसरे तथैव वनिताजनस्य यथा ॥ ५९ ॥

चरणपतनात्पत्युर्मन्यौ मनाक् शिथिलीकृते
त्यजति च किमप्युत्कम्पवं घनस्तनमण्डले ।
तदपि विलसत्साराङ्गाद्या प्रियानुनयेच्छया

[2]) D °कपिशं A °शां च चित्रवलभी° C ° शां तिचित्रवल° C °दृशा E लालदृशा [3]) E तन्वंग्या B °मात्रके पि न र° but पि del., as it seems CD °केन A मनागमन्दितः C मनाक् खंडितः E मनाक मंदितः [4]) E °शशि-धरोदये A °महोत्सवेषु B °महोदयेषु D °महोद्दिकेषु [5]) A °सुखसोध्यो [6]) B क्षयमियं [8]) BD इत्युक्त्वा E इत्युक्त्वा प्रणतस्य त° A °तले C °वाहनं E °वाहने [9]) A धुन्वत्यास् C धुंन्वंत्या B धुन्वंत्याः E धुन्वंत्याः B बलोत्पु° [10]) C °वि-तो गु° [11]) D °जन्यस्य A °जनस्यैव [12]) B °त्युर्गाने [13]) A भवति च C व्रजति च D किमप्युक्तं प्राप्तं घनस्तनमंडले C घनगतुले (sic) [14]) ADE विस-त्सार° C विकसत्ता° D °च्छया चिरादनवेक्ष्यया E चिरानुनयेच्छया

कथमपि पुरो दृष्ट्वा दूतीं पुनर्भृकुटी कृता ॥ ६० ॥

चतुरचटुभिर्गाढाश्लेषैर्हठात्परिचुम्बनै-
र्मधुरवचनैर्वारं वारं गतोऽप्यतिमन्दताम् ।
अपरवनितासङ्गाद्धग्नं विलोक्य विलेपनं
कुवलयदृशः कोपः कान्ते पुनर्नवतां गतः ॥ ६१ ॥

साम दानं च भेदः स्यादुपेक्षा प्रणतिस्तथा ।
तथा प्रसङ्गविभ्रंशो दण्डः शृङ्गारहा न तु ॥ ६२ ॥

तस्याः प्रसादने सद्भिरुपायाः षट् प्रकीर्तिताः ।
सुन्दरास्ते निदर्श्यन्ते सद्योदाहृतिभिर्यथा ॥ ६३ ॥

॥ अथ साम ॥

दुर्विनीतोऽपि पाल्योऽहं त्वया सुभ्रु क्षमाभृता ।
इति वाक्यं भवेद्यत्र तत्सामेति निगद्यते ॥ ६४ ॥

॥ तदुदाहरणम् ॥

सत्यं भामिनि दुर्जनोऽस्मि दयिते पाल्यस्तथापि त्वया
यो दोषः स लघुर्मृगाक्षि नियतं दीनस्य मे क्षम्यताम् ।

1) C पुरो - - - - - कटो कृता A °र्भुकुटी E °र्भुकुटिः 2) A चटुल-वचनैर्गा° C कुटिलवचनैर्गा° D चटुल° D °र्हसत्प° E °र्हतात्प° D °चुंवितै- 3) A °रलकवलनै° C °रलवननै E °रलककलतैर्वारं 4) A °ल्लानं C °दृशः कामकोपः पु° E कांते कोप पु° 6) A सामदाने 7) A °विध्वंसो B °रहानिकृत् C शृंगा ननु E शृगारहेतवे 8) D *om.* षट् D परिकी° 9) AC सदुदाहृति° B °भिस्तथा 10) *om.* ABDE; C *om.* अथ 11) A अविनीतो D ऽथ 12) AE वापो 13) *om.* ADE; B अथ सामोदा° 14) C मानिनि 15) A तद्दोषस्सकलो मृगाक्षि E नो दोषः

इत्थं तल्पतिं वल्लभे मृगदृशा चक्षुर्गलत्संवृतं
रक्तत्वं विरलीकृतं च वदने दत्तं च किं चिद्वचः ॥ ६५ ॥

॥ अथ दानम् ॥

अलंकारादिकं दद्यान्नायको यत्र तुष्टये ।
उद्दिश्य कारणं किं चिद्दानं तत्स्याच्च तद्यथा ॥ ६६ ॥

॥ तथोदाहरणम् ॥

प्रणयिना निजहारलतां स्वयं किल तवेति निवेश्य कुचस्थले ।
पुलकभाजि पुरा कुपिताप्यसौ कृतकचग्रहणं परिचुम्बिता ॥ ६७ ॥

॥ अथ भेदः ॥

यस्मिन्परिजने तस्याः समावर्ज्य प्रसादितम् ।
तेनैव लभते कान्तां कान्तो भेदः स उच्यते ॥ ६८ ॥

॥ तदुदाहरणम् ॥

धुन्वाना करपल्लवं विदधती दृष्टिं रुषा रागिणीं
तन्वाना वचनानि निष्ठुरतरं मागाः शठेत्थं मुहुः ।

[1]) A र्गलात् B °र्दूदलैः C °र्गलैः E चक्षुर्गलत्संवृतौ C संकृतं [2]) B वकृत्वं D विमली° B °कृतं न वचने *om.* च before किं [3]) *om. cdd.* [4]) D दत्वा ना° [5]) B उद्दूदेश्य E चिद्दूदरनं लब्धाशुत यया [6]) *om.* ACDE [7]) BCD °लता BE नवेति C तावेति B कुचद्वये [8]) From भाति to इत्थं 3, 6 lost in A [9]) *om.* CDE; B ॥ भेदलक्षणं ॥ [10]) C °जनं E °जमं C प्रसादनैः [11]) C ददते BE कांतं [12]) *om.* CDE [13]) B रागिणां C रागिनी D रागिनीं [14]) B तन्वना B निष्टर° CDE निष्ठुर° B मागा सखोत्थं

दूरादागतभीतिमत्यभिमते स्वैरं स्वसंज्ञाकृता
पूर्वावर्जितया चकोरनयना सख्यैव संबोधिता ॥ ६९ ॥

॥ अथोपेक्षा ॥

प्रसादनविधिं त्यक्त्वा वाक्यैरन्यार्थसूचकैः ।
यस्मिन्प्रसाद्यते योषिदुपेक्षा सा मता यथा ॥ ७० ॥

॥ तथोदाहरणम् ॥

एतत्किं ननु कर्णभूषणमयं हारः सुकाञ्ची नवा
बद्धा का चिदियं त्वयाद्य तिलकः श्लाघ्यः प्रिये कल्पितः ।
प्रत्यङ्गं स्पृशतेति तत्क्षणभवद्रोमाञ्चमालाञ्चिता
तन्वी मानमुपेक्षयैव शनकैर्धूर्तेन संमोचिता ॥ ७१ ॥

॥ अथ प्रणतिः ॥

केवलं दैन्यमालम्ब्य पादपातो नतिर्मता ।
अभीष्टा सा भृशं स्त्रीणां ललिता च भवेद्यथा ॥ ७२ ॥

॥ तथोदाहरणम् ॥

कुङ्कुमार्द्रकुचकुम्भबिम्बितं वीक्ष्य पृष्ठमितराङ्गनाश्रयम् ।

1) D °दायत° E °दायति° C °मते दृष्टे 3) *om.* CDE 4) B प्रसादविधिं D प्रसाधन° CE °विधि D त्यक्त्वा वाक्यैरत्यर्थ° 5) E यत्र प्रसा° 6) *om.* CDE 7) E एतत्कि तव कर्ण° D हारस्तु कांचीलता 8) D चिदयं 9) D °मांचमालंविता 10) B °पेक्षयैव C संमोहिता 11) *om.* E; CD *om.* अथ 12) D *om.* केवलं B पादपातेन निर्मिता C °पातौ 13) C अभिष्टा E अभीष्ट गो मता D ललितं C सा भ° E ललिता ज्ञायते यथा 14) *om.* CDE 15) C °कुंभिलबितं D °कुंभलिंगितं CDE पृष्टमपरा° B °रांगणाश्रयं C °रांगनागतं

शंसदूनरसमाप्लु सा मुदं प्राप पादपतितस्य कामिनः ॥७३॥

॥ अथ प्रसङ्गविभ्रंशः ॥

अकस्माज्जायते यत्र भयहर्षादिभावना ।
सोऽयं प्रसङ्गविध्रंशः कोपभ्रंशात्मको यथा ॥ ७४ ॥

॥ तथोदाहरणम् ॥

कथं ममोरसि कृतपक्षनिःस्वनः
शिलीमुखोऽपतदिति जल्पति प्रिये ।
निवृत्य किं किमिति ब्रुवाणयानया
ससाध्वसं कुपितममोचि कान्तया ॥ ७५ ॥

यथोत्तरं बलीयांस इत्युपायाः प्रसादने ।
आद्यास्त्रयो घनं कार्या विदग्धैः पश्चिमाः क्व चित् ॥७६॥

नातिखेदयितव्योऽयं प्रियः प्रमदया क्व चित् ।
मानश्च विरलः कार्यः प्रणामोत्सवलब्धये ॥ ७७ ॥

इत्युपायान्प्रयुञ्जीत नायिकापि प्रियं प्रति ।
क्रुद्धं नोपेक्षते किं चित्तत्रान्यत्कारणं भवेत् ॥ ७८ ॥

1) B संशदून° C शंसदूर्न° D संसरदूघनरसाप्लुता मुदं E संगभूतरस° B *om.* प्राप 2) *om.* DE; B *om.* प्र 3) D °स्माघायते C *om.* भय D °भावनो 4) C °भ्रंशान्मतो 5) *om.* CDE; B ॥ अथ प्रसंगविभ्रंशोदाहरणं ॥ 6) C °निस्वन E °निस्वनं 7) E ऽबलगादिति 8) E वित्रृत्य C किमेतदि DE किमिद्मिति C ब्रुवाणायां D ब्रुवाणाया E ब्रुवाणाना 9) C साधसं 10) D बलीयान्स इत्युपायः 11) CD °स्त्रयः सदा BE पश्चिमा D पश्चिम 13) D *om.* मान D प्रणाग्रोत्स° CD °सिद्धये 14) E नायका° 15) B क्रुद्धा E कुर्लक्षातेर्ष्यते C किं तु तत्रान्य° D किं तु तत्रान्य°

स्नेहं विना भयं न स्यान्मन्मथो नेर्ष्यया विना ।
तस्मान्मानप्रकारो ऽयं द्वयोः प्रीतिप्रवर्धनः ॥ ७९ ॥

प्रियसुभगनाथवल्लभरुचिरस्वामीशकान्तचन्द्रमुखाः ।
दयितमनोरमरमणीजीविता इत्यादि नाम स्यात् ॥ ८० ॥

प्रीतौ भर्तरि सुदृशामप्रीतौ पुनरमूनि शठधृष्टौ ।
निर्लज्जदुराचारौ निठुरदुःशीलनामानि ॥ ८१ ॥

गर्वाद्व्यसनात्त्यागाद्विप्रियकरणाच्च निठुराद्वचनात् ।
लोभादतिप्रवासात्स्त्रीणां द्वेष्यः प्रियो भवति ॥ ८२ ॥

॥ अथ प्रवासः ॥

परदेशं व्रजेद्यत्र कुतश्चित्कारणात्प्रियः ।
स प्रवास इति ख्यातः कष्टावस्थो द्वयोरपि ॥ ८३ ॥

॥ तयोदाहरणम् ॥

दृष्टं केतकधूलिधूसरमिदं व्योम क्रमाद्वीक्षिताः
कन्तान्ताश्च शिलीन्ध्रकन्दलभृतः सोढाः कदम्बानिलाः ।
सख्यः संवृणुताश्रु मुञ्चत भयं कस्मान्मुधैवाकुला

1) B स्यान्ममो 2) B प्रति° C प्रीतिविव° E प्रीतिर्विव° 3) CE °सुभगरुचिरवल्लभनाथस्वामी° D °सुभगरुचिरुचिरवल्लभस्वामिन्नीश° 4) D °मनोहर° CE °रपाज्ञी° *cdd.* °जीवित 5) E पुनरिमानि नामानि B °धृष्टः E °दृष्टौ 6) E दुर्वृत्तो निठुरदुःशीलवामादि (sic, all) CD निष्ठुर° 7) B °व्यसनत्या° CD निष्ठु° C °राच्च वच° E °रालापात 9) *om.* CDE 10) C व्रजेयस्मिन् D गतो यत्र 12) *om.* DE; C एतदुदा° 13) D कष्टं के° B केतन° DE केतकि° C क्रमाद्विक्षितं D °क्षितं E °द्वीक्ष्यतां 14) B कान्तांतश्च CE कङ्कांताश्च 15) C नाव्यैः D संशृणुताश्रु C °ताश्रु B संचय भयं C मुंच

एतानप्यधुनातिवज्रघटिता नूनं सहिष्ये घनान् ॥ ८४ ॥

॥ अथ देशान्तरकामुकस्यावस्थावर्णनरूपम् ॥

कामं कर्णकटुः कृतोऽतिमधुरः केकारवः केकिनां
मेघाश्चामृतधारिणोऽपि विहिताः प्रायो विषस्यन्दिनः ।
उन्मीलन्नवकन्दलावलिरसौ शय्यापि सर्पायते
तत्किं यद्विपरीतमत्र न कृतं तस्या वियोगेन मे ॥ ८५ ॥

कार्श्यजागरमालिन्यचिन्ता वै तत्र जायते ।
अवस्था विविधा स्त्रीणां मृत्युः स्यादवधेः परम् ॥ ८६ ॥

॥ अथ देशान्तरगतनायकस्य नायिकामुद्दिश्य कामं प्रति सखीसोपालम्भवाक्यम् ॥

अद्यैव यत्प्रतिपदुद्गतचन्द्रलेखा-
सख्यं त्वया तनुरियं गमिता वराक्याः ।
कान्ते गते कुसुमसायक तत्प्रभाते
बाणावलीं कथय कुत्र विमोक्ष्यसि त्वम् ॥ ८७ ॥

॥ अथ देशान्तरगतनायकनायिकास्वरूपनिरूपणम् ॥

1) D °धुनापि वज्र° C °ष्ये धुना 2) *om.* CDE 3) B करोति मधुरः DE कृतो पि म° B केकिनो 4) C °मृतदायिनो D °मृतदायिनो E °मृतवर्षिणो B प्रायेण D विषं स्य° 5) D °वनिर° CD °सौ सक्राप्यसक्रायते E सर्व्वे य य थ्रियायते 6) C *om.* यद् E चिद्विप° D °तमय C कृते C °गेन किं 7) C कार्श्य° B °मालिन्यं DE °चिंताया D यत्र 8) C मृत्युः देवधेः DE मृत्युश्चेदवधेः (E °धिः) E पुरः 9) *om.* CDE 10) C °रेखा 11) D वराक्या 12) B °साधक E नु प्रभाते 13) B *om.* बाणा° E °लिं BD विमोक्षसि 14) *om.* DE; BC *om.* अथ B *om.* गत B °नायकोना° C °नायकास्व° (*om.* नायिका) C °स्वरूपणं

निःश्वासैः सह सांप्रतं सखि गता वृद्धिं ध्रुवं रात्रयः
सार्धं लोचनवारिणा विगलितं तत्प्रकाणात्कङ्कणाम् ।
प्राणाशा तनुतामुपैति च मुहुर्नूनं तनुस्पर्धया
कन्दर्पः परमेक एव विजयी याते ऽपि कान्ते स्थितः ॥ ८८ ॥

नीरागो ऽधरपल्लवो ऽतिमलिना वेणी दृशौ नाञ्जिते
व्यालम्बालकमालिका धवलतामालम्बते ऽङ्गच्छविः ।
इत्थं सुभ्रु विसंष्ठुलापि विरहव्यापद्भिर्मदादियं
सख्यैव स्थिरशोभया दृढतरं प्रत्यङ्गमालिंग्यते ॥ ८९ ॥

किं तत्र नास्ति रजनी किं वा चन्द्रो न तत्र सौधरुचिः ।
येन सखि वल्लभामपि न स्मरति स मां विदेशरुचिः ॥९०॥

प्रसर शिशिरामोदक्षोदं समीर समीरय
प्रकटय शशिन्नाशाः कामं मनोभव जृम्भताम् ।
अवधिदिवसः पूर्णाः सख्यो विमुञ्चत तत्कथां
हृदयमधुना किं चित्कर्तुं ममान्यदिहेच्छति ॥ ९१ ॥

इत्यादिविरहावस्थाः पुंसो ऽपि हि भवन्ति ताः ।

[1]) BCE निश्वा° D *om.* ध्रुवं E परां रा° [2]) D °वारिणैव गलितं B यत्प्राकृतं कंकणां C तत्प्राकृतैः कंकणौः D तत्प्राकूणात्कंकणौः E तत्प्राकृतं गे मुखं [3]) C नुहुस्प° D न तु स्प° [4]) B ज्ञाते D यातो E स्थाने रकांस्तस्थितः C स्थितिः [5]) B °ल्लवे [6]) D व्यालंब्यालक° B °छविं D °छवि [7]) E सुभ्रुर्वि° B वि· संस्थलापि CD °ष्टु° D विसस्थलापि E °व्यापारम° [8]) *cdd.* सख्येव C °प्रशोभया E °शोचया B °लिंगते E °लंगिता. [9]) D रजनीं B चंद्रो न किं त्वसावरुच्चिः E न किं रु सो व्यरुचिः [10]) B *om.* न [11]) B °छोदं CDE °गोदं C कौदं D क्षोदं E कौदं E समर B समीरपाः [12]) CD जृंभतां [14]) B °दिहेछते

कन्दर्पशरघाताढ्या मा भूवन्वैरिणामपि ॥ ९२ ॥

॥ अथ करुणात्मकः ॥

यत्रैकस्मिन्मृते ऽप्यन्यो मृतकल्पो ऽथ तद्गतः ।
नायकः प्रलपेत्प्रेम्णा करुणो ऽसौ स्मृतो यथा ॥ ९३ ॥

॥ तदुदाहरणाम् ॥

दग्धा स्निग्धवधूविलासकदली वीणा समुन्मूलिता
पीता पञ्चमकाकली कवलिता शीतद्युतेः कौमुदी ।
प्लुष्टः स्पष्टमनेकरत्ननिचयो नाद्य रतिः केवलं
कन्दर्पं दहता हरेण भुवनं निःसारमेतत्कृतम् ॥ ९४ ॥

॥ अथ पुरुषप्रलापोदाहरणम् ॥

वक्त्रं चन्द्रमसा दृशौ मृगगणैः केशाः कलापिव्रजै-
र्मातङ्गैः स्तनमण्डलं भुजलतोल्लासश्चलत्पल्लवैः ।
सौगन्ध्यं मलयानिलेन बलिना तन्वी विभज्येति सा
सर्वैर्निष्करुणैर्हृताद्य हतमहो दैवेन किं चिन्न मे ॥ ९५ ॥

इयतीं सुभगावस्थां गतो ऽसि यस्याः कृते स्मरातङ्कात् ।

1) E °रिपोरपि 2) *om.* DE; BC *om.* अथ 3) C °स्मिन्विनष्टेऽन्यो D °स्मिन्विनष्टे न्यो E यत्रौकस्मिन विपन्ने ऽन्यो मृ° पि B तद्गता E तद्गेतं 4) B नायिका BDE °त्प्रेम्ना B मृतो E मतो 5) *om.* CDE 6) C °बधू° CE समुन्मीलिता 8) B प्लुष्ट E प्लुष्टा E °रत्नरिपुणा 9) CE हरता 10) *om.* DE; C *om.* अथ 12) D °लतापासश्च° CE °ल्लासो लतामंडपैः 13) D °लेन दयिता पत्नी वि° C °निले 14) BCD °र्निःक° E °र्निक° B °हृता ध्रुवमहो D *om.* हृता E °णौ कृता ध्रुवमहो तै केन दैवेन मे 15) C इयंतीं C *om.* ऽसि B यस्या C वस्याः D स्मरतां

मूर्छां हरामि सा तव गतपुण्या नयनसलिलेन ॥ ९६ ॥

पाशो विपाशित उपाहित एष सान्द्रः
कर्पूररेणुरुपगूढमुरो नताङ्गि ।
पापेन येन गमितासि दशाममुष्यां
मूर्छाविरामललितं मयि धेहि चक्षुः ॥ ९७ ॥

ग्लानो मुक्ताश्रुरुद्विग्नः स्रस्ताङ्गो नष्टचेतनः ।
सचित्तो दैन्यभागस्मिन्नेवंप्रायो जनो भवेत् ॥ ९८ ॥

केषां चित्करुणाभ्रान्तिः कारुण्यादिह जायते ।
एतस्य मिथुनावस्थां विस्मृत्य रतिमूलजाम् ॥ ९९ ॥

स्त्रीपुंसोश्च भवेदेष सापेक्षः संगमः पुनः ।
शृङ्गारवचनप्रायः करुणः स्यात्स चान्यथा ॥ १०० ॥

तस्माच्छृङ्गार एवायं करुणेनानुमोदितः ।
सौन्दर्यं सुतरां धत्ते निबद्धो विरलं बुधैः ॥ १०१ ॥

॥ अथ स्त्रीणां रसोज्ज्वनः ॥

[1]) B हरति B तगपु° C गतगत° [2]) B पासो विपासित CD उपासित BD सांद्र- [3]) E °गूढतरो C नतांगिं D नतांगो [4]) B केन D *om.* येन CE गमितोति D दृशा° C °ममुष्मिन् E °ममुष्मिन [6]) E ग्लानो C मुक्तासुरु° D °द्विग्नः [7]) C °भाग्य° D °भाषो स्मि° [8]) B °दिपु E °दिद [9]) D एतच्च C विसृत्य B मति° CD रतिभावजां [10]) CE स्त्रीपुंसयोर्भ° D °द्वेषः CD सापेक्षे CE संगमे D संगमो [11]) E °वचने प्रायः D करुणा C स्यान्न चा° D स्यात्सतां यथा [12]) BE तस्मात् शृं° D तस्मा शृं° D नामायं C करुणो नानु° [14]) *om.* DE; BC *om.* अथ

कारुर्दासी नटी धात्री प्रतिवेश्याथ शिल्पिनी ।
बाला प्रव्रजिता चेति स्त्रीणां ज्ञेयः सखीजनः ॥ १०२ ॥

कलाकौशलमुत्साहो भक्तिश्चित्तज्ञता स्मृतिः ।
माधुर्यं नर्मविज्ञानं वाग्मिता चेति तद्गुणाः ॥ १०३ ॥

विनोदो मण्डनं शिक्षोपालम्भोऽथ प्रसादनम् ।
संगमो विरहाश्वासः सखीकर्मेति तद्यथा ॥ १०४ ॥

॥ तदुदाहरणम् ॥

मया कोऽयं मुग्धे कथय लिखितः सत्वरसखी-
वचः श्रुत्वेत्युच्चैर्विनिहितदृशा चित्रफलके ।
न वक्तुं तन्वंग्या शकितमथ वोद्दामविदल-
त्कदम्बाकारेण प्रिय इति समाख्यायि वपुषा ॥ १०५ ॥

प्रत्यङ्गं प्रतिकर्म नर्मपरया कृत्वाधिरूढस्मरा-
दौत्सुक्यं प्रविलोक्य मोहनविधौ चातुर्यमस्याः पुनः ।
सख्या यावकमण्डनं न रचितं पादे कुरङ्गीदृशः
सस्मेरं विशदच्छदे च शयने दृष्टिः समारोपिता ॥ १०६ ॥

नीरन्ध्रं परिरभ्यते प्रियतमो भूयस्तरां चुम्ब्यते ।

1) BE काहृदासी B नटी C °वेश्माय E °वेश्मा च 2) C स्त्रीणां प्रेष्य-जना स्मृताः D ज्ञेया सखीजनाः 4) B माधुर्यनर्म° B वाङ्मिता 5) D विनोदं B मदनं D प्रसाधनं 6) C स्वीकर्मेति 7) *om.* CE 8) D श्रये BCD कोपं मुग्धे 10) C शकितमथ किं तु विदलत्क° D शकितमथ वा चारुविदला- B °विलस- 12) B कृत्वाभिरूढस्म° DE कृत्वा निगूढस्मरा- 13) E °दौत्सुका E चातुर्य-मालोक्य च 14) B यावमंडनं C न चितं

तद्गाढं क्रियते यदस्य रुचिरं चाटूच्चकैस्तन्यते ।
सख्या मुग्धवधूरियं रतिविधौ यत्नेन संशिक्षिता
विज्ञातं गुरुणा पुनः शतगुणं पुष्पेषुणा कारिता ॥१०७॥

सुभग भवता कृच्छ्रे तस्या ज्वलत्स्मरपावके
ऽप्यभिनिवसता प्रेमाधिक्यं चिरात्प्रकटीकृतम् ।
तव तु हृदये शीते ऽप्येवं सदैव सुखाप्तये
मम सहचरी सा निःस्नेहा मनागपि न स्थिता ॥१०८॥

कोपं विमुञ्च कुरु नाथ वचो मदीय-
माश्वासय स्मरकृशानुकृशां कृशाङ्गीम् ।
एकाकिनी कठिनतारकनाथकान्त्या
पञ्चत्वमाशु ननु यास्यति सा वराकी ॥१०९॥

अमुं दधे ऽंशुकमहमत्र पादपे
युवामलं निभृतमिहैव तिष्ठतम् ।
रहःस्थयोरिदमभिधाय कामिनोः
पुरो ययौ निपुणसखी लतान्तरम् ॥११०॥

1) BCD तद्गाढं E तद्गाढं D चाटुत्वमातन्यते E चाटुश्चकैः चाटू सूत्यते गूश्च-कैस्तन्यते 2) E रतविधौ 3) E निर्भ्रांतगुरुणा C विज्ञातः D विज्ञांतः C कर्णा D करणा 4) B तस्यां D तस्य 5) D °निविशिता E °निविशेता D रागाधिक्यं 6) E नु C सीते 7) D निस्नेहा 8) BE मदीयं 9) B मा वासय C °स्वा° E °त्तप्रा कृ° C कृशांगी 10) CE °तारकराज° D °तारकायकांत्यां 11) B यास्यसि E व्यास्यति 12) C श्राह B दधे CDE दधे शुक° E शुकमिह पत्रपादपे C °हमप्र पादये D adds: युवामत्र पादपे 13) C युवामहं BC तिठतां D तिष्टतां E तिष्टतं 14) BDE रहस्य° C रहस्तयो° B *om.* from भभिधाय to p. 68, l. 1 गुच्चै° 15) E लतांतने

स्फुरति यदिदमुच्चैर्लोचनं तन्वि वामं
स्तनतटमपिधत्ते चारुरोमाञ्चमाला ।
कलयति च यदन्तःकम्पतामूरुकाण्डं
ननु वदति तदद्य प्रेयसा संगमं ते ॥ १११ ॥

इत्यादि विविधं सख्यो व्यापारं कुर्वते सदा ।
योषितामत्र सर्वस्वनिधानकलशोपमाः ॥ ११२ ॥

इत्थं विरचनीयोऽयं शृङ्गारः कविभिः सदा ।
अनेन रहितं काव्यं प्रायो नीरसमुच्यते ॥ ११३ ॥

तव नाथानुरागोऽयं मद्विधैः कथमुच्यते ।
येनैकापि प्रिया नीता पञ्चत्वं पुण्यकारिणा ॥ ११४ ॥

इत्थं विचार्य प्रचुरप्रयोगान्योऽमुं निबध्नाति रसं रसज्ञः ।
तत्काव्यमारोप्य पदं विदग्धवक्त्रेषु विश्वं परिबम्भ्रमीति
॥ ११५ ॥

॥ इति श्रीरुद्रभट्टविरचिते शृङ्गारतिलकाभिधाने काव्यालंकारे विप्रलम्भशृङ्गारो नाम द्वितीयः परिच्छेदः ॥

1) E स्फरति B °मुच्चकैर्लोचनं 2) C स्तनयुगग° E °मभिधत्र *cdd.* °मालां 3) B च यदंगतः कंप° C च यदंतःकल्प° D च यदतःकं° E चलदतः कं° 4) C यद्य B संगमे य 5) E इत्थं च वि° C विवि स° B °ते ते सदा D adds ११ In C the order is l. 5. 6. 9. 10. 7. 8. 11. 12. 7) E °नीयो सौ 8) E *om.* stanza 114 10) C येनैकेन प्रिया नित्यं 11) B प्रचुरं 12) C °प्य पदग्ध° 13) B *om.* भट्ट; C °भट° E श्रीभट्टरुद्र° C puts का° before शृ° BCE °तिलके (*om.* अभिधाने) D काव्यारमालं° 14) CE *om.* विप्र° नाम B °शृंगारे द्वि° C adds: ॥२॥

विकृताङ्गवचश्चेष्टावेषेभ्यो जायते रसः ।
हास्योऽयं हासमूलत्वात्पात्रत्रयगतो यथा ॥ १ ॥

॥ अथोत्तमलक्षणम् ॥

किं चिद्विकसितैर्गण्डैः किं चिद्विस्फारितेक्षणैः ।
किं चिल्लक्ष्यद्विजैः सोऽयमुत्तमानां भवेद्यथा ॥ २ ॥

॥ तयोदाहरणम् ॥

पाणौ कङ्कणमुत्फणः फणिपतिर्नेत्रं ज्वलत्पावकं
कण्ठः कुण्ठितकालकूटकुटिलो वस्त्रं गजेन्द्राजिनम् ।
गौरीलोचनलोभनाय सुभगो वेषो वरस्येति मे
गण्डोल्लासविभावितः पशुपतेर्हासोद्गमः पातु वः ॥ ३ ॥

॥ अथ मध्यमनीचहासलक्षणम् ॥

मध्यमानां भवत्येष विवृताननपङ्कजः ।
नीचानां निपतद्बाष्पः श्रूयमाणध्वनिर्यथा ॥ ४ ॥

[1]) CDE °वचःकृत्य° [2]) D हासो E हास्योपहासमूलात्मा पा° BCD हास्य° C °त्रयागतो. B adds: हासस्त्रिविधः । उत्तमो मध्यमो नीचः ॥ [3]) *om.* CDE [4]) B °द्विकृतै° C °दूद्दिकासितै° D °द्विकाश्रितै° BE °क्षणाः [5]) B चिल्लसद्विजैः C चिद्दूद्दिजैः E °द्विजः C स्मृतो यथा [6]) *om.* CDE [7]) B °र्नेत्रे D °र्नेत्रं लसत्पा° B °वक्रः [8]) E कुद्दित° [10]) BD °तेर्हास्यो° [11]) *om.* DE; BC *om.* अथ B मध्यनीच° C °नीचच° B °हास्य° [12]) BD विकृता° B °पंकजं [13]) B विपतद्बा° C °दूदाष्पश्रू° E निपतेद्बा° B श्रूयमाणो ध्व° D °मान°

॥ अथ मध्यहासोदाहरणम् ॥

मुग्धे त्वं सुभगे न वेत्सि मदनव्यापारमद्यापि तं
नूनं तेऽब्जदलैषिणायमलिना दष्टो न भर्त्राधरः ।
सख्यैवं हसितं वधूं प्रति सदा सानन्दमाविर्भव-
द्वक्त्रान्तर्गतसीधुवासरसिकैर्भृङ्गैर्यया धावितम् ॥५॥

॥ अथ नीचहासोदाहरणम् ॥

त्यक्त्वा गुञ्जफलानि मौक्तिकमयी भूषा स्तनेष्वाहिता
स्त्रीणां कष्टमिदं कृतं सरसितं कर्णे न बर्हिच्छदः ।
इत्थं नाथ तवारिधाम्नि शबरैरालोक्य चित्रस्थितिं
बाष्पार्द्रीकृतलोचनैः स्फुटरवं दारैः समं हस्यते ॥६॥

॥ अथ हास्यरसानुभावः ॥

अस्मिन्सखिकराघातनेत्रोल्लासाङ्गवर्तनम् ।
नासाकपोलविस्पन्दो मुखरागश्च जायते ॥७॥

॥ अथ करुणाः ॥

1) *om.* DE; BC *om.* अथ B तथोदा° 2) E मुग्धा C *om.* न B तन्
CE यन् 3) C ते कमलं षिणा° D से ऽब्जलोहिना° E नूतं । तन्नलजैषिणायमालना
D दृष्टो C *om.* न 4) B सख्येवं E सख्यत्थं CDE प्रति तया सा^C 5) C
°वक्रातर्घन° E °द्वक्रातर्वनशीधुगंध° 6) *om.* DE; BC *om.* अथ B नीचलक्षणं
7) C त्यक्ता DE त्यत्का B *om.* भूषा C शोभा 8) With णां in स्त्रीणां A
recommences. A वर्ह° BD वर्हि° CDE °च्छदं 9) A नाम ABDE शवरै°
C शरबरैरा° DE °ति 10) A वा° B वाष्पा° C वाष्पंधो° D वाष्पांधो°
B स्फुटतरं B हास्यते 11) *om.* ABDE 12) BCD तस्मिन्स° D °सखो°
13) B °निष्पंदो D विस्पंदो E विस्मंदो 14) *om.* ADE; B अथ करुणारसविशे-
षशोकस्थायिभावः

शोकात्मा करुणो ज्ञेयः प्रियभृत्यधनक्षयात् ।
तत्रस्थो नायको दैवहतः स्याद्दुःखभाजनम् ॥ ८ ॥

भर्ता संगर एव मृत्युवसतिं प्राप्तः समं बन्धुभिः
प्रौढानामनिशं दुनोति च मनो वैधव्यलाभाद्वधूः ।
बालो दुस्त्यज एक एव च शिशुः कष्टं कृतं वेधसा
जीवामीति मही्पते प्रलपति त्वद्वैरिसीमन्तिनी ॥ ९ ॥

॥ अथ करुणानुभावः ॥

भूपातो दैवनिन्दा च रोदनं दीननिःस्वनः ।
शरीरताडनं मोहो वैवर्ण्यं चात्र जायते ॥ १० ॥

॥ अथ रौद्रः ॥

क्रोधात्मको भवेद्रौद्रः प्रतिशत्रूनमर्षणः ।
रक्षःप्रायो भवेद्यत्र नायको ऽत्युग्रविग्रहः ॥ ११ ॥

यैः प्राणापहृतिः कृता मम पितुः क्षुद्रैर्युधि क्षत्रियै

1) C °मृत्यर्धिन° E °मृत्योर्द्धन° 2) AC तत्रेत्थं B अत्रेत्थं E तत्रस्थ C देव° BC °हत 3) A भर्त्रा A °वसतिः प्राप्ता D मृत्युपंवी प्राप्तः A बन्धुभिर् E बांधवैर् 4) A यूनां क्षामिय E दानाकाममिय A धुनोति E °व्यभावाद्व° 5) B एक एव च A वेदसा 6) C विलति A तद्वैरि° 7) *om.* ADE; B करुणा तथानुभावः D अथ करुणो रसानुभावकथनं 8) A भूपतौ C °पतो देवनंदा A °नं चैव निस्स्वनः B °निस्वनं C °निस्त्वनः D °निश्वसं E °निस्वतः 9) A चैव 10) *om.* ADE; B ॥ रौद्रभावं ॥ 11) C °शूरान° D °शत्रन° B °मर्षितः In A मर्षणः रक्ष is broken off 12) D भवत्यत्र E भवेत्तत्र नायको ऽप्युग्र° 13) A यत्मा° B प्राणप्रहृतिः D मयि गुरौः क्षु° From तिः to तुः broken off in A. C क्षुद्रैः कृतै क्ष° E °र्मुधा क्षयै B °येः

रामोऽहं रमणीर्विहाय बलवन्निःशेषमेषां हठात् ।
भास्वत्प्रौढकुठारकोटिघटनाकाण्डत्रुटत्कंधरा-
स्रोतोऽन्तःस्रुतविस्रशोणितभरैः कुर्यां क्रुधो निर्वृतिम् ॥१२॥

॥ अथ रौद्रानुभावः ॥

मुखरागायुधक्षेपस्वेदकम्पाधरग्रहाः ।
शक्तिशंसा कराघातो भृकुटिश्चात्र जायते ॥१३॥

॥ अथ वीररसः ॥

उत्साहात्मा भवेद्वीरो दयादानादिपूर्वकः ।
त्रिविधो नायकस्तत्र जायते सत्त्वसंयुतः ॥१४॥

गाम्भीर्यौदार्यसौन्दर्यशौर्यधैर्यादिभूषितः ।
आवर्जितजनो जन्ये निर्व्यूढप्रौढविक्रमः ॥१५॥

॥ अथोत्तमवीरः ॥

अयि विहंग वराककपोतकं विसृज धेहि धृतिं मम मेदसा ।
शिबिरहं भवता विदितो न किं सकलसत्त्वसमुद्धरणात्तमः
॥१६॥

1) B रमणीं D रमतेणीर्वि° B वलवन्निःशंकमेषां D वलवन्निशेषमेव A °निश्शेषमेका E बलवाननिः° 2) D तेषां प्रौ° A °गटना° 3) A स्रोतान्त° BDE श्रो° BD °श्रुत° E °श्रुति° BD °विश्र° C °विस्र° C क्रुधां 4) *om.* ADE; B *om.* अथ 5) B °रागोयुधाक्षेपः A °धाक्षे° E °धो° C °वं° D °कंपो° AD °ग्रहः 6) B शक्तिः शशांक° A भ्रुकुटी चात्र 7) *om.* ABDE 8) A दयदानाति° CE °नात्तिपू° 9) C विविधो 10) C °र्यशूरत्वधर्मधैर्या° E °र्यशोडंयिधर्मधै° A °बिताः 11) ACD °जनो बाढं (D वा°) E जन्यनित्याढविक्रमः C निव्यू° D °ढः प्रौटः वि° 12) *om.* ADE; BC *om.* अथ 13) ABD शिवि°

॥ अथ मध्यमवीरः ॥

मुषितोऽसि हरे नूनं भुवनत्रयमात्रलब्धितोषेण ।
बलिरर्थितदोऽस्मि यतो न याचितः किं चिदप्यधिकम् ॥१७॥

॥ अथाधमवीरः ॥

मत्तैरावणतीव्रदन्तमुसलैरैरण्डकाण्डायितं
वज्रेणापि विकीर्णवह्निततिना मार्णालनालायितम् ।
मद्दन्तस्यवलम्ब्य किं चिदधुना तद्विस्मृतं वज्रिणा
युद्धं यद्यवलम्बते स तु पुनः सज्जोऽस्म्यहं रावणः ॥ १८ ॥

॥ अथ वीररसानुभावः ॥

धृतिगर्वौद्धत्यमतिस्मृतिरोमाञ्चा भवन्ति चामुष्मिन् ।
विविधा वाक्याक्षेपाः सोत्साहामर्षवेगाश्च ॥ १९ ॥

॥ अथ भयानकरसः ॥

1) *om.* ADE; BC *om.* अथ 2) In D stanza 18 is placed before stanza 17. AD सुखितो B हरेर्नूनं C हरे वूत्वं A *om.* मात्र D °लब्ध° E °लब्ध° AB °तुष्टेन 3) B वलिरर्थिदो corr. in margin to °र्थिदोदो (sic) C व्रलिरर्थदो D व्रलिरस्मि A नियतो C नियते D *om.* यतो न E तो त या° B याचित E याचितो हं नोदये किं B °दत्यधिकं C किं चिदपि ॥ १७ ॥ E °दपाधिका 4) *om.* ADE; B °वीरो यथा C ॥ अथ वीरः ॥ 5) B यत्रैरावणादंतिदंत° E यत्रैरावतदंततीव्र° C °रावत° A °मुसुलैरैरंड° BCD °मुशलैरै° E °रे° 6) D °वह्निरुचिना A मार्तारनाला° 7) E °ना ते हि स्मृतं C तद्विस्मितं In A वज्रिणा is torn off 8) B °लंबते त्र स पुनः D स च 9) *om.* cdd. 10) B धृतिर्गर्वैरौद्धत्यं स्मृ° In A धृतिगर्वौद्ध is torn off C °गर्वोद्धतिमति° D धृतिगर्वहर्षमतिरोमांचाः E °गर्वैन्नित्यनतिस्मृ° C भवति 11) BE वाक्यक्षेपाः C वाक्यान्नोपा. From सोत्सा° to पङ्क्तस्य stanza 54 lost in A. B adds: ॥ इति वीररसानुभावः ॥ 12) *om.* DE

भयानको भयस्थायिभावोऽसौ जायते रसः ।
शब्दादिविकृताद्दाढं बालस्त्रीनीचनायकः ॥२०॥

॥ अथ बालभयानकोदाहरणम् ॥

श्रुत्वा तूर्यनिनादं द्वारे भयवलितललितबाहुलतः ।
धन्यस्य लगति कण्ठे मुग्धशिशुर्धूलिधूसरितः ॥२१॥

॥ अथ स्त्रीगतभयानकोदाहरणम् ॥

प्रणयकलहसङ्गान्मन्युभाजा निरस्तः
प्रकटितचटुकोटिः पादपद्मानतोऽपि ।
नवजलधरगर्जैर्भीतयासौ कया चित्
त्रुटिततरलहारं सस्वजे प्राणनाथः ॥२२॥

॥ अथ नीचगतभयानकोदाहरणम् ॥

कम्पोपरुद्धसर्वाङ्गैर्गलत्स्वेदोदबिन्दुभिः ।
त्वदारब्धैर्महीनाथ वैरिभिर्वनितायितम् ॥२३॥

॥ अथ भयानकानुभावः ॥

1) B °स्थायी भा° 2) B शब्दादेर्विकृ° E °विगतप्रोटिर्बाल° BC °द्दाढं D °दृढाढं BDE वाल° D °स्त्रीणां च ना° 3) *om.* DE; B वाल° C बाल-नायको° 4) B श्रुत्वा च तूर्यनिर्घोषं D तुर्य° CE भयचलित° D भयचकितलति° E *om.* ललित BD °वाहु° 6) *om.* DE; B °भयानकमाह ॥ C स्त्रीनायकोदा-हरणं 10) E °नाथः 11) *om.* DE; C नोचनायकोदा° B °भयानकमाह 12) B कोपोपरुद्धः B सर्वांगैर्वल° C सर्वांगैविगल° C °स्वेदबिंदु° BE °विंदु° 13) C त्वदारंभैर्म° D भवद्भीतैर्म° C °हीपाल E °होपाल C °र्वलिता° 14) *om.* DE; B ॥ तयानुभावः ॥ C भयानु°

वैवर्ण्यमश्रु संत्रासो हस्तपादादिकम्पनम् ।
स्वेदास्यशोषदृक्क्षेपाः संभ्रमश्चात्र कीर्तितः ॥ २४ ॥

॥ अथ बीभत्सरसः ॥

जुगुप्साप्रकृतिर्ज्ञेयो बीभत्सोऽहृद्यदर्शनात् ।
श्रवणात्कीर्तनाद्वापि पूत्यादिविषयो यथा ॥ २५ ॥

॥ तथोदाहरणम् ॥

लुठत्कृमिकलेबरं स्रवदसृग्वसावासितं
विकीर्णशबसंततिप्रसरदुग्रगन्धान्वितम् ।
भ्रमत्प्रचुरपत्त्रिकं त्रिकविवर्तिनृत्यक्रिया-
प्रवीणगुणकौणपं परिबभौ परेताजिरम् ॥ २६ ॥

॥ अथानुभावः ॥

नासाप्रच्छादनं वक्त्रकूणनं गात्रसंवृतिः ।
निष्ठीवनादि चात्र स्यादुद्वेगादुत्तमेष्वपि ॥ २७ ॥

1) D वैवर्ण्यगद्गदत्रासा E वैवर्ण्य गद्गदश्वासो B संत्रासह° 2) C स्वेदः प्रवासो थ दृक्क्षेप सं° D स्वेदः स्वासो थ दृकक्षेपः B °दिक्प्रेक्षा. E °दिक्प्रेक्षाः E °त्र ज्ञायते 3) *om.* DE B वो° C भीत्स° 4) C बीभत्साप्र° BD वो° C कुतद्° 5) B पूज्ञादि° D प्रेतादि° E पूत्यादेर्त्रि° CDE °यथायथा 6) *om.* DE; C अथो° 7) D लुटक्रि° cdd. °कलेवरं 8) B विशीर्ण° BE °शात्र° C °र्णवसं° From असंत° to गुपा° line 10 *om.* D B °संततिं B °गंधादुर्द्दितं E °गंधान्दितं 9) B °त्रिवृत्रिकांतिक्रियं D °त्रिवृत्ततृत्य° 10) C *om.* परि° B °भौ वृतो परे° C परेतिवं 11) *om.* DE; C ततो नु° 12) C °प्रह्ला° E °कुपानं E °वपानं B °संकृतिः C °संवृत्तिः D °संहृतिः 13) CE निष्टो° B स्यादुद्वेगो ज्ञायते रसः

॥ अथाद्भुतरसः ॥

विस्मयात्माद्भुतो ज्ञेयो रसो रसविचक्षणैः ।
मायेन्द्रजालदिव्यस्त्रीविपिनाद्युद्भवो यथा ॥ २८ ॥

॥ तथोदाहरणम् ॥

सत्यं कृता त्वया हंस वनितानामियं गतिः ।
अमर्त्येतास्तथाप्येतदिन्द्रजालं तवाद्भुतम् ॥ २९ ॥

॥ अथानुभावः ॥

गद्गदः साधुवादश्च स्वेदः पुलकवेपथू ।
दृष्टेर्निश्चलतारत्वं विकाशश्चात्र जायते ॥ ३० ॥

॥ अथ शान्तरसः ॥

सम्यग्ज्ञानोद्भवः शान्तः समत्वात्सर्वजन्तुषु ।
गतेच्छो नायकस्तत्र मोहरागपरिक्षयात् ॥ ३१ ॥

॥ तथोदाहरणम् ॥

धनमहरहर्दत्तं स्वीयं यथार्थितमर्थिने
कृतमरिकुलं नारीशेषं स्वखड्गविजृम्भितैः ।
प्रणयिनि जने रागोद्रिक्ते रतिर्विहिता चिरं

1) *om.* DE 3) B माहेंद्र° C महेंद्र° D °विलोकनभवो यथा 4) *om.* cdd. 5) DE त्वया कृता 6) B °जालि C °जाल C तदद्भुतं E तवे प्रिये 7) *om.* DE; B ततो नु° 8) B गद्गद D °वादः C स्नेह B °वेपथुः C °वेये (sic) E °वेवथू 9) C विकारश्चात्र 10) *om.* BDE 12) B गतेकुर्ना° CDE तमोराग° B °परिक्ष्यात् 13) *om.* DE; C अयो° 14) D यदर्थित° 15) E *om.* स्व 16) D °द्रिक्ता

किमपरमतः कर्तव्यं नस्तनावपि नादरः ॥ ३२ ॥

॥ अथानुभावः ।

निरालम्बं मनोऽन्यत्र बाढमात्मनि तिष्ठति ।
सुखे नेच्छा तथा दुःखेऽप्युद्वेगो नात्र जायते ॥ ३३ ॥

अष्टाविति रसाः पूर्वं ये प्रोक्तास्तत्र निश्चितम् ।
प्रत्यनीकौ रसौ द्वौ द्वौ तत्संपर्कं विवर्जयेत् ॥ ३४ ॥

शृङ्गारबीभत्सरसौ तथा वीरभयानकौ ।
रौद्राद्भुतौ तथा हास्यकरुणौ वैरिणौ मिथः ॥ ३५ ॥

हास्यो भवति शृङ्गारात्करुणो रौद्रकर्मतः ।
अद्भुतश्च तथा वीराद्बीभत्साच्च भयानकः ॥ ३६ ॥

यौ जन्यजनकावेतौ रसावुक्तौ मनीषिभिः ।
युक्त्या कृतोऽपि संभेदस्तयोर्बाढं न दुष्यति ॥ ३७ ॥

केचिद्रसविभागेषु भावाः पूर्वं प्रदर्शिताः ।
स्वातन्त्र्येणेह कीर्त्यन्ते रम्यास्ते कृतिनां मताः ॥ ३८ ॥

1) BE °रमितः 2) *om.* DE; B तथा° 3) E निरावित्तं CE यत्र D ऽप्यत्र BD बाढ° 4) E ततो CE दुःखे नोद्वेगस्तत्र D adds Sâhityadarpaṇam 241 (v. 3 °शौर्यनया° v. 6 °पोऽत्र निःशंकहर्ष°) 5) C अष्टाविद E अष्टावमो DE *om.* ये D प्रयुक्तास्तत्र E यथोक्ता° 6) C प्रत्यनीकरसौ B adds: ॥ अथ रसविरोधो द्वौ द्वौ ॥ 7) E रसौ शृंगारबीभत्सौ 8) C *om.* वैरिणौ 10) B अद्भुतास्तु E °भत्सश्च भयानकात 11) C रसादुक्तौ D रसौ प्राक्तौ (sic) 12) B युक्तायुक्तोऽपि D संदर्भस्त° B °स्तयोर्जातु D °र्वाढं B दुष्यते 13) B °त्रिरागेषु D पूर्वं न दर्शिताः 14) B °न्त्र्येणेद C रसास्ते कनां

रत्यादय इमे भावा रसाभिप्रायसूचकाः ।
पञ्चाशत्स्थायिसंचारिसात्त्विकास्तान्निबोधत ॥ ३९ ॥

शृङ्गारादिरसेष्वेव भावा रत्यादयः स्थिताः ।
प्रत्येकं स्थैर्यतोऽन्ये च त्रयस्त्रिंशच्चरा यथा ॥ ४० ॥

प्रायोऽनवस्थिते चित्ते भावाः संकीर्णसंभवाः ।
बाहुल्येन निगद्यन्ते तथाप्येते यथा स्थिताः ॥ ४१ ॥

शङ्कासूया भयं ग्लानिर्व्याधिश्चिन्ता धृतिः स्मृतिः ।
औत्सुक्यं विस्मयो हर्षो व्रीडोन्मादो मदस्तथा ॥ ४२ ॥

विषादो जडता निद्रावहित्थं चापलं मतिः ।
इति भावाः प्रयोक्तव्याः शृङ्गारे व्यभिचारिणः ॥ ४३ ॥

श्रमश्चपलता निद्रा स्वप्नो ग्लानिस्तथैव च ।
शङ्कासूयावहित्थं च हास्ये भावा भवन्त्यमी ॥ ४४ ॥

दैन्यं चिन्ता तथा ग्लानिर्निर्वेदो जडता स्मृतिः ।
व्याधिश्च करुणे वाच्या भावा भावविशारदैः ॥ ४५ ॥

हर्षोऽसूया तथा गर्व उत्साहोऽमर्ष एव च ।

1) DE भावाः E काव्याभि° 2) B °स्तन्निबोधत 3) D स्मृताः 4) D प्रत्येकं स्थायिनो 6) B adds: ॥ अथ भावनरसविपर्योत्पत्तिमाह ॥ 7) E °धिश्चिन्तता धृतिः CD स्मृतिर्धृतिः 8) D °न्मादौ C रतिस्तथा 9) D विषादं C °वहित्या D °वहित्था D धृतिः 12) D °सूयावहित्या 13) B °र्निर्वेदो CD धृतिः E मृति (sic) 14) C °णो ज्ञेया D om. भावा E भावविचक्षणोः 15) D हर्षासूया तथा गर्वगु° CDE मद instead of ऽमर्ष

चापल्यमुग्रतावेगो रौद्रे भावाः प्रकीर्तिताः ॥ ४६ ॥

अमर्षः प्रतिबोधश्च वितर्कोऽथ मतिर्धृतिः ।
क्रोधोऽसूया श्रमो मोह आवेगो रोमहर्षणम् ॥ ४७ ॥

गर्वो मदस्तथोग्रत्वं भावा वीरे भवन्त्यमी ।
संत्रासो मरणं चैव वचनीयं भयानके ॥ ४८ ॥

अपस्मारो विषादश्च भयं रोगो मतिर्मदः ।
उन्मादश्चेति विज्ञेया भावा बीभत्ससंभवाः ॥ ४९ ॥

आवेगो जडता मोहो हर्षणं विस्मयो मतिः ।
इति भावान्निबध्नन्ति रसेऽस्मिन्नद्भुते बुधाः ॥ ५० ॥

एवं संचारिणो ज्ञेया भावाः प्रतिरसं स्थिताः ।
सात्त्विकास्तु भवन्त्येते सर्वे सर्वरसाश्रिताः ॥ ५१ ॥

॥ अथ चतस्रो वृत्तयः ॥

कैशिक्यारभटी चैव सात्वती भारती तथा ।
चतस्रो वृत्तयो ज्ञेया रसावस्थानसूचिकाः ॥ ५२ ॥

1) E वाचोग्रमध्यतावेगो D °ग्रता चैव रौद्र C भावा भवन्त्यमी 2) B अमर्ष E अमष E प्रतिवेगश्च वितर्कश्च मति° C *om.* ऽथ 3) B क्रोधासूये C सूया च संहर्ष आवेगो D सूर्याश्रु संमोह E ऽसूयाय संहर्षः आवेगो °र्षणः D आवेगः प्रोषह° 5) B वाचनोया 7) D °संस्थिताः 8) B जडा मोह C आवेगो मोहो विस्मयो हर्षणां स्मृतिः D विस्मयो हर्षणां धृतिः E विस्मयः स्मृतिः 9) D °न्निबध्नाति D वुधः 10) B प्रतिरसे 11) C °रसालयाः D °रसस्थिताः E °रसान्विताः 12) *om.* DE; C *om.* चतस्रो BC रीतयः 13) Stanza 52 is *om.* in BE; C कौशि° C त्वैव 14) BC °सूचकाः

॥ अथ कैशिकी ॥

या नृत्यगीतप्रमदोपभोगवेषाङ्गसंकीर्तनचारुबन्धा ।
माधुर्ययुक्ताल्पसमासरम्या वृत्तिः स्मृतासाविह कैशिकीति ॥५३॥

शृङ्गारहास्यकरुणारसातिशयसिद्धये ।
एषा वृत्तिः प्रयत्नेन प्रयोज्या विबुधैर्यथा ॥ ५४ ॥

सौन्दर्यं शशलाञ्छनस्य कविभिर्मिथ्यैव तद्वर्ण्यते
शोभेयं क्व नु पङ्कजस्य रजनीसंयोगभग्नत्विषः ।
इत्यालोच्य चिराय चारु रुचिरं त्रस्यत्कुरङ्गीदृशो
वीक्षेते नवयौवनोन्नतमुखौ मन्ये स्तनावाननम् ॥ ५५ ॥

हस्तेषुः कुसुमायुधस्य ललितं रागश्रियो लोचनं
सौभाग्यैकगृहं विलासनिकषो वैदग्ध्यसिद्धिध्वजः ।
साक्षीदं मधुबान्धवस्य निभृतं कस्यापि लीलानिधेः
कक्षान्तर्नखमण्डलं सखि नवं प्रच्छाद्यतां वाससा ॥५६॥

1) *om.* BDE; C °कोलक्षणं 2) C गीतनृत्यप्रम° C *om.* वेषाङ्ग E °देशांग° D °वंधाः 3) CD वाणी E चाणी instead of वृत्तिः C स्मृता सा ह कौशि° 4) C °रसानां परिवृद्धये 5) C एषा वृत्तिः एषा प्र° E प्रायो वाच्या बुधैर्यथा 6) In C st. 56 is placed before st. 55. BC शशि° D संस्तूयते 7) C सौभाग्यं क्व E शाले दृक् क्व With पङ्कजस्य A recommences ACD °संभोग° C °विषः D °त्विषाः 8) A रुचिरा C रुचिर E रुचिमत् CE त्रस्यन्मृगीचक्षुषो 9) A वीक्ष्येते B दृश्येते A नवयवनोन्नतमुहुर्मन्ये तथा यौवनम् C नवयौवयोन्नत° E नवयौवव्रनोद्धतमुन्येस्तातावाततं (sic!) 11) A सौभाग्यैनिकेतनं परिलसद्वैदग्ध्यसिद्धद्विजः E °निकषो C वैदग्ध° B °सिद्धिमन्नः 12) A लेला° C लिला° E °लावधिः 13) B कक्षांत° ABCD °मण्डनं E स्कंधांतर्नखमंडलं A °च्छाद्यते

समुल्लसत्काञ्चनकुण्डलोज्ज्वला प्रभापि तापाय बभूव ये-
ष्वलम् ।
विलासिनीरम्यमुखाम्बुजन्मसु प्रजज्वलुस्तेष्वकृशाः कृशा-
नवः ॥ ५७ ॥

॥ अथारभटी ॥

या चित्रयुद्धभ्रमशस्त्रपातमायेन्द्रजालप्लुतिलङ्घिताढ्या ।
ओजस्विवर्णाद्भुतदुर्विगाह्या ज्ञेया बुधैः सारभटीति वृत्तिः॥५८॥
रौद्रे भयानके चैव बीभत्से च विचक्षणैः ।
काव्यशोभाकरी वृत्तिरियमित्थं प्रयुज्यते ॥५९॥

शस्त्रोद्दारितकुम्भिकुम्भविगलद्रक्तात्तमुक्ताफल-
स्फारस्फूर्जितकान्तिकल्पितबृहच्चञ्चच्चतुष्कार्चितम् ।
क्रोधोद्भावितधीरधोरणिरणत्खड्गाग्रमुग्राग्रहं
युद्धं सिद्धवधूगृहीतसुभटं जातं तदा दुर्धरम् ॥ ६० ॥

नायं गर्जिरवो गभीरपरुषं तूर्यं तदीयं त्विदं

1) A °ञ्चमण्डलोज्ज्वलप्रतापि BC °ज्ज्वलत्प्रभा° D °लोज्ज्वला प्रतापि E °ज्ज-लप्रभाति BD तावत्प्रवभूव C ताव प्रबभूव E बभूवापशलं D केवलं 2) A *om.* कृशाः A कृशाणावः 3) *om.* ADE 4) A चित्र° C °बद्ध° D °वद्ध° ADE °भ्रम° C °शाम° B °माहेंद्र° AC °प्लुत° E °प्लुतंसयनाढ्या B °लंघिताध्या C °ताद्या 5) E जस्विगुर्वक्षरगाढबंधा C ओजस्विगुर्वक्षरबंधगाढा AD °वर्णाद्भुत° BD °गाढा A °भटेति 7) AD काव्ये शो° B °शोभाकरी E प्रकीर्त्तिता 8) D शस्त्रोद्दारित° E शास्त्रो° A °डारि° D रक्ताईमु° A °फलं C °फलै D °फलैः 9) B °स्फूर्कांति° (sic) C °स्फुर्जि° ACD °ष्कायितम् 10) B क्रोधाडावितवीर° C क्रोधोड्डावि° D कुडोद्धावित° E कुडोद्भासितवीर° AC °धोरणा° BCD °लस-त्खड्गा° A °मुग्रग्रहं E °ग्रावहं 11) B *om.* युद्धं In A above टं in सुभटं is written गं 12) B गर्ज° C गर्ज्जितबा D तुर्यं E तौर्यं तदीयत्रकं B त्विनै

नैते भीमभुजंगभोगरुचयो मेघा इमे तद्गजाः ।
इत्थं नाथ नवाम्बुवाहसमये त्वत्सैन्यशङ्काकुला
म्लायद्वक्त्ररुचो विरोधिवनितास्त्रस्यन्ति नश्यन्ति च ॥ ६१ ॥

पिबन्नसृगदन्मांसमाकर्षन्नन्त्रमालिकाम् ।
कबन्धसंकुले क्रोष्टा भ्रमत्येष महारणे ॥ ६२ ॥

॥ अथ सात्वती ॥

हर्षप्रधानाधिकसत्त्ववृत्तिस्त्यागोत्तरोदारवचोमनोज्ञा ।
आश्चर्यसंपत्सुभगा च या स्यात्सा सात्वती नाम मतात्र वृत्तिः ॥ ६३ ॥

नातिगूढार्थसंपत्तिः श्रव्यशब्दमनोरमा ।
वीरे रौद्रेऽद्भुते शान्ते वृत्तिरेषा मता यथा ॥ ६४ ॥

लक्ष्म्यास्त्वं जनको निधिश्च पयसां निःशेषरत्नाकरो
मर्यादानिरतस्त्वमेव जलधे ब्रूतेऽत्र कोऽन्यादृशम् ।
किं त्वेकस्य गृहागतस्य बडवावह्नेः सदा तृष्णया
क्लान्तस्योदरपूरणेऽपि न सहो यत्तन्महन्मध्यमम् ॥ ६५ ॥

1) B *om.* नैते A वैते 2) B °कुल 3) BE *om.* म्ला BCE °वनिता (in C twice) B नस्यंति 4) A पिवन्नसृक् त्वदन्मां° D पिवन्नसृक् स्वदन्मां° BC पिवन्न° B °मालि C °मालिका 5) BD कवंध° E °सकटे B °संकुलो B महार्णवे 6) *om.* ADE; B °तीमाह 7) A °धिकमत्स्यबुद्ध्या त्या° B °सत्वस्तया° A °रोड्डार° 8) BD मता च E मता प्रवृत्तिः 9) C श्रव° D °शव्दाम° 10) B रौद्राद्भुते B °रेवात्र कथ्यते 12) B को न्यादृः E न्यादृशे 13) B त्वेतस्य *cdd.* वडवा° 14) D क्रांतस्यो° E °पूरणां न सहसे A °न्मध्यम् B यत्रन्मनाड्मध्यमं D °न्महान्मध्यमः E यत्वन्मनाराकमध्यम

स्फारितोत्कटकठोरतारका कीर्णवह्निकणसंततिः क्रुधा ।
दुर्निमित्ततडिदाकृतिर्बभौ दृष्टिरिष्टसमरांशुमालिनः ॥६६॥

अत्यद्भुतं तव नराधिप कीर्तिर्धवलयत्यपि जगन्ति ।
रक्तान्करोति सुहृदो मलिनयति च वैरिवदनानि ॥६७॥

निवृत्तविषयासङ्गमधुना सुचिराय मे ।
आत्मन्येव समाधानं मनः केवलमिच्छति ॥६८॥

॥ अथ भारती ॥

प्रधानपुरुषप्राया सद्वक्रोक्तिनिरन्तरा ।
भारतीयं भवेद्वृत्तिर्वीरहास्याद्भुताश्रया ॥६९॥

जन्मदेहवधवेदनादिकं तुल्यमेतदितरैः समं सताम् ।
यत्तथापि विपुलाश्चलाः श्रियः साहसैकपरतात्र कारणम् ॥७०॥

यशोदाकृतरक्षस्य शासितुर्भुवनत्रुहाम् ।
बाल्ये निभृतगम्भीरो हरेर्हासः पुनातु वः ॥७१॥

1) A *om.* st. 66, C places st. 67 before st. 66 B स्फष्टतोत्कट° E स्फारितोत्तर° D त्वांतवह्नि° 2) D °मित्तघटसाकृ° C °रिष्टि° D °समवायशालिनः E समरैकमालिनः 3) E इत्य° B नरपते तव CDE नराधिप तत्र A °लयन्त्यपि C °लयंत्यपि 4) A रक्तां C मित्त्र° A °नयन्ति A *om.* च 5) B निवृत्ति° AC °मधुरं B सुचिरामयं C °रान्मम E ते 6) C °धीनं 7) *om.* ABDE; C adds रीतिः 8) A °प्रायः E °पुरुषोत्या गा सद्व° D सत्वोद्रिक्ता° 10) A 1. hd. °देहवदा° corr. 2. hd.; D °देहसुखवेद° E °देहधनवेद° A नाधिकं A °दितरैस्समं सतो D सता 11) A °ला चलश्रिया C °ला चञ्चा श्रियः B सहसैकपरता च का° A °परताभ्यका° or °तात्यका° E °परता नु का° 12) D शाशितु° C °तुर्भवन° 13) A ताल्ये निभृ° ग° C हरेर्हासो A नः

निर्भयो ऽप्येष भूपालस्तद्ददाति द्विषां युधि ।
दिगन्तेषु यशः शुभ्रमादत्ते चेदमद्भुतम् ॥ ७२ ॥

इत्यादि रम्याः प्रविलोक्य वृत्तीर्दृष्ट्वा निबन्धांश्च महाकवीनाम् ।
आलोक्य चौचित्यमिदं विदध्यात्काव्यं कविः सज्जनचित्तचौरम् ॥ ७३ ॥

विरसं प्रत्यनीकं च दुःसंधानरसं तथा ।
नीरसं पात्रदुष्टं च काव्यं सद्भिर्न शस्यते ॥ ७४ ॥

विहाय जननीमृत्युशोकं मुग्धे मया सह ।
यौवनं मानय स्पष्टमित्यादि विरसं मतम् ॥ ७५ ॥

प्रबन्धे नीयते यत्र रस एको निरन्तरम् ।
महतीं वृद्धिमिच्छन्ति विरसं तच्च के चन ॥ ७६ ॥

नखक्षतोच्छलद्रक्तप्लुतगण्डस्थलं रतौ ।

[1]) A निर्भयि प्येष भूपालो त्रस्तद्द° B भूपाल भयं ददाति D प्येष स भूपालस्तद्ददा (sic) [2]) A·····न्तेषु य ·भ्रमा° CE अस्तन्तेषु D अंसतीषून् B °माधत्ते D चेहुतं E वैतदद्भुतं [3]) A रस्याः B रम्या A प्रविलासवृत्ते दृ° B प्रयोगांश्च [4]) D विलोक्य A वैचित्र्यमिदं B औचि° C चौचिंत्य° D वैचित्र्यमलं E वैचित्र्यं मल A °चौरान् D °चोरं [5]) A प्रत्यनी····दुस्तं° [6]) CE च व (*om.* E) सद्भिः काव्यं न श° A *om.* च A सद्भिर्निश° C adds: ॥ विरसं यथा ॥ [7]) B जनत्री° A °मृत्युश्शोकं E जननीं विहाय मृत्युशोकं दुःखे मया सह [8]) A स्पृष्ट° ACD विरसं यथा E स्मृतं [9]) B मीयते ACE यस्तु [10]) E महंतो वृत्तं निछंति AB वृत्तिमि° B नीरसं तत्र D केवलं [11]) A नरवक्तोच्छलत्पूतिप्लुत° C °लत्पूयप्लुत° D °लत्पूयप्लुतं गंड° E नखक्षानाल्लसत्पूतिप्लुत° B °क्तास्फुटगंड°

स्मरामि वदनं तस्याः प्रत्यनीकमिदं भवेत् ॥ ७७ ॥

तामेवानुचितां गच्छ स्खलिता त्वत्कृते ऽत्र या ।
किं ते कृत्यं मया धूर्त दुःसंधानरसं विदम् ॥ ७८ ॥

दुर्जनो दयितः कामं मानो म्लानो मनोभवः ।
कृशो वियोगतप्तायास्तस्या इत्यादि नीरसम् ॥ ७९ ॥

मुग्धा व्याजं विना वेश्याकन्येयं निपुणा रतौ ।
कुलस्त्री सर्वदा धृष्टा पात्रदुष्टमिदं मतम् ॥ ८० ॥

अन्येष्वपि रसेष्वेते दोषा वर्ज्या मनीषिभिः ।
यत्संपर्कान्न यात्येव काव्यं रसपरम्पराम् ॥ ८१ ॥

इति मया कथितेन यथामुना रसविशेषमशेषमुपेयुषी ।
ललितपादपदा सदलंकृतिः कृतधियामिह वागवनितायते
॥ ८२ ॥

शृङ्गारतिलको नाम ग्रन्थोऽयं रचितो मया ।

1) A प्रतिनीरसं यथा B °कमिदं कृतं E °कमिदं मतं B adds: ॥ इति प्रत्यनीकः ॥ अथ दुःसंधानरसं ॥ 2) A स्खलिताच्च कृते ऽययाम् । यौवनं मानवस्येष्टमित्यादि विरसं यथा ॥ CD तु या E ह वा 3) AD कृतं C कार्यं A °सन्धारसं C दुस्संधीन° D °धानमिदंमिदं AD मतम् 4) C *om.* stanza 79; B has before ॥ अथ नीरसं ॥ A दषित× को पि DE मनो BD म्लानं A मनाग्युवा B मनोभुवा E मतोभवः 5) D त्रियोगसंतप्तस्त° A दूत्यादि E ऽत्यादि 6) B has before: ॥ अथ पात्रदुष्टं ॥ A वश्या° 7) A कृष्टा A °दुष्टं चिदं 8) A रतेष्वेते 9) A यस्सम्प° B यत्येव D यात्येवं A कावो रस° E कविपरंपरां A रसपरं स्मृतम् C *om.* पराम् 10) D मय कथितो यमथोत्तमा (corr. to कथितेयम°?) सवि° A °पेयुषाम् C °पेयुषा 11) D ललितं चारुपदा E ललिते C °धिया वा° A वा वनि° 12) A कथितो CD ग्रथितो E थितो

व्युत्पत्तये निषेवन्ते कवयः कामिनश्च यम् ॥ ८३ ॥

कान्या काव्यकथा कीदृग्वैदग्धी को रसागमः ।
किं गोष्ठीमण्डनं हन्त शृङ्गारतिलकादृते ॥ ८४ ॥

त्रिपुरवधादेव गतामुल्लासमुमां समस्तविबुधनुताम् ।
शृङ्गारतिलकविधिना पुनरपि रुद्रः प्रसादयति ॥ ८५ ॥

॥ इति श्रीरुद्रभट्टविरचिते शृङ्गारतिलकाभिधाने काव्यालंकारे तृतीयः परिच्छेदः ॥

1) A निषेवन्तु कवय× कामिनस्स्वयम् B कामिनः स्वयं C कामितश्च E ये B काम्या CD रम्या E काव्या B कीदृक् वैदग्ध्ये A °ग्वैदग्धे 3) CD गोष्टी° E गोष्टीविबुधैः सार्द्धं शृ° ACD °तिलकं विना D °वधदेवतामुचितोल्ला° E गताऽत्रह्लासपमाउतोमुल्लामुमा C °विभ्रुनतां D °विवुधनतां E °विर्बुधाना B °नुतं A °लकं वि° 4) E रुद्रः सदा प्र° B प्रकटयति 5) A: ॥ इति श्रीमद्रुद्रटविरचिते °काव्ये काव्यलङ्कारे तृतोयः परिच्छेदः ॥

B: ॥ इति श्रीशृंगारतिलके श्रीरुद्रविरचिते काव्यालंकारे तृतीयः परिछेदः समाप्तः ॥

सहानुभावव्यभिचारिभिः समं समेत्य तद्वत्सह सात्विकैश्च ।
आलंवते सर्वरसानतो यमालंवनस्तेन भवेद्विभावः ॥
न चानुभावव्यभिचारियोगं नापेक्षते सात्विकभावयोगं ।
उद्दीपयेत् केवलमेव यस्मादुद्दीपनस्तेन भवेद्विभावः ॥

॥ संवत् १६५४ समये भाद्रशुदि १० शुक्रे लिखितं ॥ In margin of fol. 30[b] above stands with thick letters: काव्यालंकारे तु शृंगारः

C: ॥ इति श्रीरुद्रभट्टविरचिते शृंगारतिलके काव्यालंकारे रसनिरूपणा ना तृतीयः परिछेदः समाप्तम् संपूर्णम् ॥ समाप्तश्चायं शृगारतिलकनामको ग्रंथः ॥ शुभमस्तु ॥ श्रीरामाकृष्णाय नमः ॥ श्रीजानकीवल्लभाय नमः ॥ छ ॥ छ ॥ छ ॥ From दः in परिछेदः written by an other hand with great letters. At fol. 34[b] stands: रुद्रभट्टकृतशृंगारतिलक अलंकार सं ७५० and with thin letters: का° लं २८

D: ॥ इति शृंगारतिलके तृतीयः परिच्छेदः ॥ ॥ इति रुद्रभट्टविरचिते काव्यालंकारे शृंगारतिलकाभिधाने तृतीयः परिछेदः ॥

E: ॥ इति श्रीभट्टश्रीरुद्रविरचिते शृंगारतिलके काव्यालंकारे तृतीयः परिछेदः ॥ इति शृंगारतिलक समाप्तः ॥

भग्नपृष्टिकटिग्रीवस्तब्धदृष्टिरधोमुखं ।
कष्टेन लिखितं ग्रंथं यत्नेन परिपालयेत ॥ १

संवत् १८७७ अषाढ शुक्ल ३ गुरुवासरे ॥

॥ अथोदाहरणप्रतीकानि ॥

॥ अथ सन्ह्रदयलीला ॥

श्रीमतामुत्कर्षपरिज्ञानाद्विदग्ध्येन सहृदयत्वान्नागरिकतासिद्धिः ॥१॥ युवत्यादीनामुत्कर्षो देहे गुणालंकारजीवितपरिकरेभ्यः ॥२॥ तत्र । शोभाविधायिनो धर्मा गुणाः ॥३॥

रूपं वर्णः प्रभा राग आभिजात्यं विलासिता ।
लावण्यं लक्षणं छाया सौभाग्यं चेत्यमी गुणाः ॥४॥

अवयवानां रेखास्पाष्ट्यं रूपम् ॥५॥ गौरतादिधर्मविशेषो वर्णः ॥६॥ काचकाच्यरूपा रविवत्कान्तिः प्रभा ॥७॥ नैसर्गिकस्मेरत्वमुखप्रसादादिः सर्वेषामेव चक्षुर्बन्धको धर्मो रागः ॥८॥ कुसुमधर्मा मार्दवादिर्लालनादिरूपः स्पर्शविशेषः पेशलताख्य आभिजात्यम् ॥९॥ अङ्गोपाङ्गानां यौवनोद्भेदी मन्मथवासनाप्रयुक्तः कटाक्षादिवद्विभ्रमाख्यश्चेष्टाविशेषो विलासिता ॥१०॥ तरङ्गितद्रवस्वभावाप्यायिनेत्रपेयव्यापिस्निग्धमधुर इव पीतिमोत्कर्षैकसार इव पूर्णेन्दुवदाह्लादको धर्मः संस्थानमुग्धिमव्यंग्यो लावण्यम् ॥११॥ अङ्गोपाङ्गानामसाधारणशोभाप्राशस्त्यहेतुरौचित्यात्मा स्थायी धर्मो

1) A σ स्वस्ति ॥ B ओं अथ सहृदयलीला लिख्यते ॥ 2) B देहगुणा° 5) A रागः B आदिज्ञात्यं 8) A काच्यकच्य° A नैसर्गिकः स्मेर° 10) B कुसमसधर्मा सार्दवादि° A °र्लालनान्यो रूपस्प° 14) A °व्यङ्गो A °पाङ्गामसाधारणाः शो° 15) A °चित्यात्स्थायी

लक्षणम् ॥ १२ ॥ तस्य युक्तप्रमाणतादोषस्पर्शस्निग्धवक्रनियतलोमाङ्गसुश्लिष्टसंधानतानाह्वपरिणाहौचित्यचक्रपद्मादिलेखाङ्कनायोगेभ्यः प्रसिद्धाङ्गपूर्णतादोषवैकल्यधर्मसौन्दर्यप्रमाणौचित्यलोकाप्रसिद्धविशिष्टाङ्गयोगाख्याः क्रमेण षड् भेदाः ॥ १३ ॥ अग्राम्यतया वक्रिमवख्यापिनी ताम्बूलपरिधाननृत्तभणितिगमनादिस्थानकेषु सूक्ष्मा भङ्गिश्छाया ॥ १४ ॥ स्फुरल्लक्ष्म्युपभोगपरिमलादिगम्यो ऽन्तःसारो रञ्जकतया वशीकर्ता सहृदयसंवेद्यधर्मभेदश्च सौभाग्यम् ॥ १५ ॥ तत्राद्ये स्मरमदपुलकादयो भेदाः । अन्त्ये तु मणितरूपपरिभोगाधरास्वादसौरभादिभिर्युगपद्रसवत्त्वात्पञ्चेन्द्रियसुखलाभः ॥ १६ ॥

॥ इति श्रीराजानकरुय्यकविरचितायां सहृदयलीलायां गुणोल्लेखः प्रथमः ॥

रत्नं हेमांशुके माल्यं मण्डनद्रव्ययोजने ।
प्रकीर्णं चेत्यलंकाराः सप्तैवैते मया मताः ॥ १ ॥

तत्र । वज्रमुक्तापद्मरागमरकतेन्द्रनीलवैडूर्यपुष्यरागकर्केतन-

[1]) B °णता ऽदोष° A °दोषस्प° A °नियतलेपाङ्ग° [4]) B °चित्याख्यालोकाप्रसिद्धावि° [5]) B वक्रिसत्वख्या° [6]) B भङ्गिच्छाया स्मरलक्ष्मीः ॥ उपभोग° [7]) B *om.* मलादि A न्तस्सारो B न्तस्मारो [10]) A °गाधार° B °भोगधाराकुसमसौर° A °न्द्रियोसुख° [13]) B adds ॥ १ ॥ [14]) A श्रो° B ॥ श्रीगणेशाय नमः ॥ [15]) B प्रकोलं [16]) B पुष्पराग° A °कर्केतक° B °कर्के°

पुलकरुधिराक्षभीष्मस्फटिकप्रवालरूपाणि त्रयोदश रत्नानि ॥२॥ हेम नवधा । जाम्बूनदशातकौम्भहाटकवैणवशृङ्गीशुक्तिजजातरूपरसविद्धाकरोद्गतभेदात् ॥३॥ चतुर्धा रत्नहेममयः । आवेध्यनिबन्धनीयप्रक्षेप्यारोप्यभेदात् ॥४॥ तत्र । ताडीकुण्डलश्रवणवालिकादिरावेध्यः । अङ्गदश्रोणीसूत्रमूर्धमणिशिखादृढिकादिर्निबन्धनीयः । ऊर्मिकाकटकमञ्जीरसदृशः प्रक्षेप्यः । प्रालम्बमालिकाहारनक्षत्रमालाप्रभृतिरारोप्यः ॥५॥ चतुर्धांशुकमयः । त्वक्फलकृमिरोमजत्वात्क्रमेण क्षौमकार्पासकौशेयराङ्कवादिभेदात् ॥६॥ पुनस्त्रिधा निबन्धनीयप्रक्षेप्यारोप्यवैचित्र्यात् ॥७॥ तत्र । निबन्धनीयः शिरःशाटकजघनवसनादिः । प्रक्षेप्यः कञ्चुलिकादिः । आरोप्य उत्तरीयपटादिः ॥८॥ सर्वस्यास्यानेकविधत्वं वर्णविच्छित्तिनानात्वात् ॥९॥ ग्रथिताग्रथितवशाद्द्विविधः सन्नष्टधा माल्यमयः ॥१०॥ वेष्टितविततसंघात्यग्रन्थिमदवलम्बमुक्तकमञ्जरीस्तबकलक्षणमाल्यभेदेन ॥११॥ तत्रोद्वर्तितं वेष्टितम् । पार्श्वतो विस्तारितं विततम् । बहुभिः पुष्पैः समूहेन रचितं संघात्यम् । अन्तरान्तरा विषमं ग्रन्थि-

1) B °स्फटिकविद्रुमरूपाणि *cdd.* °प्रवाल° 3) B शुक्तिजातरूप° B रत्ने हेममयः 4) A °भेदेन A *om.* तत्र B *om.* ताडी 5) B °श्रोणि° 6) A ऊर्मिकटक° 7) A प्रलम्ब° A °नक्षत्र° A °क्रिमि° B °कृमि° 9) B क्षोम° B °भेदः 10) A °चित्र्यात् B °रोप्यभेदात् A *om.* तत्र B शिरश्शाटक° 11) A प्रक्षेप्य 12) B वर्णवि° 13) B °वशात्पुनर्द्विविध 14) A °संघात्य° 15) AB °स्तवक° A *om.* तत्र 17) A संघात्यम् B °रा ग्रन्थिमद्विषमम् ।

मत् । स्पष्टोम्भितमवलम्बम् । केवलं मुक्तकः । अनेकपुष्पमयी लता मञ्जरी । कुसुमगुलुच्छं स्तबकः ॥१२॥ तस्याविध्यादयोऽपि चत्वारो भेदाः ॥१३॥ कस्तूरीकुङ्कुमचन्दनकर्पूरागुरुकुलकदत्तसमपटवाससङ्ककारतैलताम्बूलालक्तकाञ्जनगोरोचनादिनिर्वृत्तो मण्डनद्रव्यमयः ॥१४॥ भ्रूघटनालकरचनाधम्मिल्लबन्धादिर्योजनामयः ॥१५॥ द्विधा प्रकीर्णमयः ॥१६॥ जन्यनिवेश्यभेदेन ॥१७॥ श्रमजलमधुमदादिर्जन्यः । दूर्वाशोकपल्लवयवाङ्कुररजतत्रपुशङ्खतालदलदत्तपत्त्रिकामृणालवलयकरक्रीडनकादिर्निवेश्यः ॥१८॥ एतत्समवायो वेषः ॥१९॥ स च देशकालप्रकृत्यवस्थासात्म्येनैतेषां विच्छित्त्या यथास्थाननिवेशनपरभागलाभाद्रामणीयकवृद्धिः ॥२०॥

॥ इति सहृदयलीलायामलंकारोल्लेखो द्वितीयः ॥

शोभाया अनुप्राणकं यौवनाख्यं जीवितम् ॥१॥ बाल्यानन्तरं गात्राणां वैपुल्यसौष्ठवविभक्ततावियायी स्फुटितदाडिमोपमः स्मरवसतिरवस्थाभेदो यौवनम् ॥२॥ तस्य वयःसंधिरारम्भः ॥३॥ मध्यं तु प्रौढिकालः ॥४॥ प्रथमे

1) B °त्तवल° 2) B कुसुमातलच्छं AB स्तवकः 3) B कस्तूरी° B *om.* कुलकदन्तराम A °दत्त° 6) B °धम्मिल° 7) A °मधू° 9) B °पत्रिका° 10) AB वेशाः B स चेदशाकालप्रकृत्य° 13) A *om.* इति 14) A श्रो॰ B श्रीगणेशाय नमः ॥ A बाल्यान्तरं 15) B सदस्फुटो दाडिमोपमः ॥ स्मर° 17) B °रम्भा

धम्मिल्लरचनालकभङ्गनीविनह्नदत्तपरिकर्मपरिष्करणदर्पणेक्षणपुष्पोच्चयमाल्योम्भनजलक्रीडाद्यूताश्लीलचर्च्चकभणित्यनिमित्तलज्जानुभावशृङ्गारशिक्षादय आवर्तमानाश्चेष्टाः ॥५॥ अन्त्ये तु शृङ्गारानुभावतारतम्यं ज्ञेयः ॥६॥

॥ इति सहृदयलीलायां जीवितोल्लेखस्तृतीयः ॥

शोभाया आरादुपकारकत्वाद्व्यञ्जकः परिकरः ॥१॥ तस्य चेतनाचेतनयोः स्थाणुचलयोः प्रत्येकं श्लिष्टसंनिहितमात्ररूपत्वेनाष्टविधत्वम् ॥२॥ उत्सङ्गोपासीनकान्तहृयपरिवारवातायनवितानतौह्वत्रादीनि दर्शनानि ॥३॥ तानि द्विधा व्यस्तसमस्तभेदात् ॥४॥ एवं शोभासमुत्पादकसमुद्दीपकानुप्राणकव्यञ्जकाः क्रमाद्गुणालंकारजीवितपरिकराः ॥५॥ एवं परस्परोपकारकत्वादितरेतरानुग्राहकत्वं सिद्धम् ॥६॥

॥ इति सहृदयलीलायां परिकरोल्लेखश्चतुर्थः ॥

॥ समाप्तेयं सहृदयचमत्कारिणी सहृदयलीला । कृतिः श्रीविपश्चिद्वरराजानकतिलकात्मजश्रीमदालंकारिकसमाजाग्रगण्यश्रीराजानकरुय्यकस्य राजानकरुचकापरनाम्नोऽलंकारसर्वस्वकृतः ॥

1) B धम्मिल° A °रचनालकमञ्जरीविनहन° 3) B °लज्जानभाव° 5) A *om.* इति A °ल्लेखः तृ° B °ल्लेखस्त्य° 6) A अों B ॥ श्रीगणेशाय नमः ॥ 7) B स्थाम्नु° B °मात्रत्वेना° 9) A °नौच्छ्र° B °नाच्छ्रोत्रा° B निदर्शनानि 11) A °करा A °पकारत्वादि° 13) A *om.* इति B ॥ इति श्रीराजानकरुय्यकविरचितायां सहृ° A °ल्लेखः च° 14) B समाप्तेयं सहृदयली कृतिश्श्रीमद्विपश्चिद्वाराजानक° 17) B °कृतः

Notes.

I. Notes on Rudraṭa.

1. This stanza is quoted by *Hemacandra*, Alaṁkâracûḍâmaṇi fol. 17ᵃ (MS. Kielhorn, Report on the Search for Sanskrit MSS. Bombay 1881 p. 102 No. 265 (A); or fol. 38ᵃ MS. Gough, Papers relating to the Collection etc. Calcutta 1878 p. 99 No. 398 (B) and by *Vâgbhaṭa*, Alaṁkâratilaka fol. 23ᵇ MS. Kielhorn l. c. p. 71 No. 300). H.'s MSS. read l. 2 °हृत्कपाो च l. 3 °विमर्दने च l. 4 °रसात्मकः. Vâgbhaṭa's readings I have not noted. Compare the stanza सव्रीडा दयितानने *Kâvyaprakâça* p. 196, which is also quoted by *Hemacandra* l. c. fol. 17ᵃ; *Vâgbhaṭa* l. c. fol. 23ᵇ; *Bâlakṛṣṇa*, Alaṁkârasâra fol. 32ᵇ (MS., Lists of Sanskrit MSS. collected for the Government of Bombay in 1879—80 and 1881—82 p. 9 No. 23); *Jayaratha*, Alaṁkâravimarçinî fol. 81ᵃ (MS. Bühler, Detailed Report App. I p. XV No. 230) and Alaṁkârodâharaṇam fol. 12ᵃ (MS. Bühler l. c. No. 240); *Keçava*, Alaṁkâraçekhara fol. 35ᵇ (MS. Bühler l. c. No. 235). — 2. चतुरश्र = correct. — 3. Edited and translated by *Aufrecht*, ZDMG. 25, 240. The last verse is quoted inaccurately by Ujjvaladatta on the Uṇâdisûtras 3, 47. — 6. Quoted by *Vâgbhaṭa*, Alaṁkâratilaka fol. 21ᵃ, who also reads लक्ष्मीरिव श्रते. cfr. Agnipurâṇa 338, 9. Edited and translated by *Aufrecht*, ZDMG. 25, 240. Ind. Sprüche III², 5465. cfr. *Uhle* on Vetâlapañcaviṁçatikâ p. 5 st. 3 p. 93. — 9. cfr. *Regnaud*, La Rhétorique Sanskrite Paris 1884 p. 301 with notes. Add: Rasagaṅgâdhara p. 50 f. At p. 51 Nâgeçabhaṭṭa quotes our stanza. Candrâloka 6, 5 ff. Vâgbhaṭâlaṁkâra (ed. Anundoram Borooah) 5, 3. Pratâparudrîya (ed. Madras 1868) 4, 3.

Sarasvatîkaṇṭhâbharaṇa 5, 165. — 10. *Regnaud* l. c. p. 319 ff. Rasagaṅgâdhara p. 53 f. Sarasvatîk. 5, 14. Pratâpar. 4, 4. — 11—14. *Regnaud* l. c. p. 327 ff. Rasagaṅgâdhara p. 54 ff. Sarasvatîk. 5, 16 ff. Pratâpar. 4, 8. — 15. *Regnaud* l. c. p. 347 ff: Sarasvatîk. 5, 15. Pratâpar. 4, 7. — 19. Bhâratîyanâṭyaçâstra 20, 1 ff. Daçarûpa 2, 44 ff. Sarasvatîk. 2, 34 ff. Pratâpar. 2, 12 ff. Sâhityadarpaṇa 410 ff. Agnipurâṇa 339, 5. — 21. 22. *Regnaud* l. c. p. 301 ff. Vâgbhaṭâlaṁkâra 5, 4 f. Sarasvatîk. 5, 10 ff. p. 310 ff. Candrâloka 6, 5. Rasagaṅgâdhara p. 58, 6 ff. Pratâpar. 4, 85, where 22, 1 is quoted. — 27. Vâgbhaṭâl. 5, 6. Sâhityad. 64. Daçar. 2, 1. 2. Pratâp. 1, 22. — 28. Vâgbhaṭâl. 5, 7. Sarasvatîk. 5, 110. Pratâpar. 1, 32. Agnipurâṇa 338, 38. cfr. Bhâratîyan. 34, 4. Daçar. 2, 2. Sâhityad. 65. Pratâpar. 1, 24. Agnip. 338, 37. 38. — 30. Quoted: *Vâgbhaṭa*, Alaṁkâratilaka fol. 24ª. Sâhityad. p. 34. 46. Çârṅgadharapaddhati ZDMG. 27, 80. Translated by *Böhtlingk*, Indische Sprüche I², 800. — 32. Quoted: Alaṁkâratilaka fol. 24ª. — 35. Quoted: Alaṁkâratilaka fol. 23ᵇ. Çârṅgadharapaddhati ZDMG. 27, 80. cfr. Amaru v. 8 (Ind. Sprüche I², 1938). मोहनमन्दिर = केलिनिकेतन (Amaru) or रतालय below 1, 137. cfr. मोहनगृह below 1, 138. — 39—41. Bhâratîyan. 34, 105 f. (viṭa). 108 (vidûṣaka). Daçar. 2, 7 f. Sâhityad. 76 ff. Pratâpar. 1, 38. Agnip. 338, 39. 40. — 46. Bhâratîyan. 34, 7. Sarasvatîk. 5, 112 f. Vâgbhaṭâl. 5, 10. Daçar. 2, 14. Sâhityad. 96. Agnip. 338, 41. — 47. Sarasvatîk. 5, 111. Daçar. 2, 14. Sâhityad. 98. Pratâpar. 1, 49. — 48. Daçar. 2, 15. Sâhityad. 99. Pratâpar. 1, 49. — 53. Quoted: Alaṁkâratilaka fol. 24ᵇ. — 54. निर्भन्धैर्भा° means, I think, „with whims (freaks) by which children (young persons) are frightened". Stanza 55 gives an example of it. — 58. Daçar. 2, 15. Sâhityad. 100. Pratâpar. 1, 49. — 62. Quoted: Sâhityad. p. 41 (l. 4: °र्ययास्या:), translated by *Böhtlingk*, Ind. Sprüche I², 1632. — 65. Daçar. 2, 16. Sâhityad. 102. 103. — 68: Quoted: Pañcatantra 4, 9 (ed. Kosegarten) Sâhityad. p. 43. Çârṅgadharap. ZDMG. 27, 81, translated by *Böhtlingk*, Ind. Sprüche III², 7028, where the various readings are given. — 69. Daçar. 2, 17. Sâhityad. 101. Pratâpar. 1, 49. — 71. Quoted: Vetâlapañcaviṁçatikâ (ed. Uhle) p. 14, 20 ff., corrected and translated by *Aufrecht*, ZDMG. 36, 376, who also compares Çiçupâlavadha 10, 76. — 72. Quoted: Sâhityad. p. 42 (l. 1 सतिलकं भालं l. 3 °तावसानसमये l. 4 तथैव). — 73. Quoted: Sâhityad. p. 42 (l. 2 °सैर्मह्रोत्सवत्र° l. 3 °विलोकितैस्). — 75. Quoted: Çârṅgadharap. l. c. p. 80 and by Ananta in the Commentary on the Rasamañjarî fol. 19a (MS. Bhandarkar Report 1882/83 No. 215) (v. 1 धन्यास्ता: v. 3 °त्यंशुके v. 4 किं नु सुरतं स्वल्पापि मे न स्मृति:). *Aufrecht* (ZDMG. 27, p. 80 remarks that this stanza is an imitation of Amaruka's stanza धन्यासि या कथयसि. Why Aufrecht ascribes this stanza to Amaru, I dot not know. Cfr. *Böhtlingk*, Ind. Sprüche II², 3080 with the note. I have found it quoted also in the Alaṁkâraratnâkara fol. 31a (MS. Bühler, Det. Report No. 227). Aufrecht probably had in view the stanza कान्ते तल्पमुपागते which is quoted: Daçar. p. 80. Alaṁkâracûḍâmaṇi fol. 14b. Sarasvatîk. p. 286. Vetâlap. p. 49 and in the Çârṅgadharap. is attributed to Amaruka. — 76. Sâhityad. 104. — 78. Quoted: Alaṁkâracûḍâmaṇi fol. 43b (fol. 100a MS. B) I, 3 °शाङ्कमिहा° l. 4 मानिन्या:). — 79. Daçar. 2, 18. Sâhityad. 105 f. — 81. Edited and translated from the Çârṅgadharap. by *Aufrecht*, ZDMG. 27, 81. (l. 2 शठेति नितरां संभर्त्स्य संतर्ज्य च). — 83. Daçarûpa 2, 18. Sâhityad. 107. — 86. Daçar. 2, 14. Sâhityad. 97. The proper place of this st. would be before st. 47. — 87. Daçar. 2, 19. Sâhityad. 108. — 89. निशमय्य, which is given by the best MSS., must be taken in the sense of निशम्य; मनोरमस्वर „the voice of her lover". As to मनोरम cfr. below 2, 80. — 90. निशान्त = अन्त:पुर. — 95. Quoted: Çârṅgadharap. l. c. 27, 81. — 114. Edited and translated from the Çârṅgadharap. by *Aufrecht* l. c. 27, 80. — 120 ff. Daçar. 2, 20 f. Sâhityad. 111. Vâgbhaṭâl. 5, 14 f. Sarasvatîk. 5, 113 f. — 121. बलवत्यानया युक्त्या „because it is very fit for them". — 127. Quoted: Alaṁkâratilaka fol. 24b; Alaṁkâracûḍâmaṇi fol. 44a (l. 1 Ac.: °लिङ्गित° l. 2 °सोत्कृतलसद्भ्रांतं नु नृ° v. 3 घातै हृतैश्चा°. — 131 f. Daçar. 2, 22. Sâhityad. 112. Sarasvatîk. 5, 114. Pratâpar. 1, 39. — 133. Daçar. 2, 22. Sâhityad. 113. Sarasvatîk. 5, 119. Pratâpar. 1, 40. — 134. Quoted: Alaṁkâratilaka fol. 24b. — 135. Daçar. 2, 23. Sâhityad. 121. Sarasvatîk. 5, 121. Pratâpar. 1, 42. In all these works this heroine is called विरहोत्कण्ठिता. — 136. Quoted: Alaṁkâratilaka fol. 25ª. Sâhityad. p. 49. 74. (l. 1 मर्मोद्भेदिनः l. 2 यन्नागतो l. 3 विन्यस्य.) Translated by *Böhtlingk*, Ind. Spr. I², 1718. — 137. Daçar. 2, 23. Sâhityad. 120. Sarasvatîk. 5, 118. Pratâpar. 1, 41. — 139. Daçar. 2, 24. Sâhityad. 117. Sarasvatîk. 5, 116. Pratâpar. 1, 45. In all these works the name of this kind of heroines is कलहान्तरिता. — 141. Daçar. 2, 25. Sâhityad. 118. Sarasvatîk. 5, 117. Pratâpar. 1, 43. — 142. Quoted: Alaṁkâratilaka fol. 25ª. — Alaṁkâracûḍâmaṇi fol. 44ª. — 143. Daçar. 2, 24. Sâhityad. 114. Sarasvatîk. 5, 115. Pratâpar. 1, 44. — 145. Daçar. 2, 25. Sâhityad. 115. Sarasvatîk. 5, 120. Pratâpar. 1, 47. — 147. गर्जित् is, I think, the correct reading. It is also intimated in A. In none of the passages quoted by Böhtlingk nor below 3, 61 the gender of गर्जि is distinguishable. — 147. Daçar. 2, 25. Sâhityad. 119. Sarasvatîk. 5, 120. Pratâpar. 1, 46. — 151 ff. Sâhityad. 116. — 155. Sâhityad. 122. — 157. This stanza is an imitation of Amaru st. 53. Hence the interpolation in D. — 159. प्रबलित = „mixed with", „sticking to". — 165. तीक्ष्ण = „an ascetic".

---

1. Sarasvatîk. 5, 46. p. 310, 11 ff. Sâhityad. 213. Agnipurâṇa 341, 5. — Kâvyaprakâça p. 53, 11. Rasataraṅgiṇî p. 59, 11 f. Rasagaṅgâdhara p. 60, 4 ff. divide the *vipralambha* into five kinds: *abhilâṣa*, *viraha* (Rasat. instead: *gurunirdeça*), *îrṣyâ*, *pravâsa* (Rasat. *deçântaragamana*), *çâpa*. The Daçarûpa 4, 53 divides it into two kinds only: *mâna* and *pravâsa*. Hence the assertion of Jagannâtha that the old ones (*prâñcaḥ*) state five kinds is wrong. cfr. *Regnaud* l. c. p. 303 ff. — 2. Sâhityad. 214. — 4. cfr. Kâvyâdarça 2, 41. — 6 ff. Daçar. 4, 48 ff. Sâhityad. 214. Commentary on Hâla st. 185 (minor edition, from the Kâmaçâstra). cfr. Bhâratîyan. 6, p. 5, 19 f.: वैशिकशास्त्रकारैश्च (thus Pûṇa MSS.) दशावस्थोऽभिहितः (scil. शृङ्गारः). — Sarasvatîk. 5, 98 ff. and Pratâpar. 4, 73 (कामशास्त्रानुसारतः । केचित्तु दशावस्था इति कथयन्ति) distinguish 12 *avasthâs*. Kumârasvâmin in his commentary on the last passage has the following quotation: ॥ अथ

एवोक्तं भावप्रकाशे ॥ दशधा मन्मथावस्था भवेद्द्वादशधापि वा । इच्छोत्कण्ठाभिलाषाश्च चिन्ता स्मृतिगुणस्तुती ॥ उद्वेगोऽथ प्रलापः स्यादुन्मादो व्याधिरेव च । जाड्यं मरणमित्याद्ये द्वे कैश्चिद्वर्जिते बुधैरिति ॥ अन्ये तु ॥ दृङ्मनःसङ्गसंकल्पा जागरः कृशता रतिः । ह्रीत्यागोन्मादमूर्छान्ता इत्यनङ्गदशा दशेत्याहुः ॥ cfr. also *Hall*, Preface to the Daçarûpa p. 34 note. — 12. Quoted: Çârṅgadharap. l. c. p. 81. — 14. Compare *Uhle* on Vetâlap. p. 190. — 28 f. Sâhityad. 215. — 38. रात्रिचार = „taking place by night". — 50. Quoted: Çârṅgadharap. l. c. p. 81. — 62 ff. Daçar. 4, 56 ff. Sâhityad. 220. — 69. स्वसंज्ञाकृता = „called (आकृता) by name". — 79. अमुष्यां is the Accus. sing. femin. of a pronoun अमुष्य, which has its origin in the Genit. sing. mascul. of अदस्, appearing as the former part of compounds like अमुष्यपुत्र, अमुष्यकुल. — 102. Daçar. 2, 27. Sâhityad. 157. Pratâpar. 1, 48. — 103. Sâhityad. 158, copied from Rudraṭa. — 105. कदम्ब n. = „flower of the Nauclea Cadamba". — 107. Quoted: Çârṅgadharap. l. c. p. 80. — 109. कठिन° „full moon". cfr. Çiçup. 1, 20.

---

1 ff. *Regnaud* l. c. p. 306 ff. Vâgbhaṭâl. 5, 20 ff. Candrâl. 6, 6 ff. — 3. Quoted: Alaṁkâracûḍâmaṇi fol. 10[b] (MS. A; fol. 21[b] MS. B). — 26. पत्त्रिक means, I think, „vulture". — cfr. Caṇḍakauçikam p. 71, 4 ff. ZDMG. 36, 366 f. — 35—50 are quoted in the Pratâpar. 4, 100. 101 in a somewhat different order and with various readings. — 52 ff. See note on 1, 19. — 60. चतुष्कार्चित = „adorned with ornaments of pearls". — 62. Quoted: Çârṅgadharap. l. c. p. 80.

II. Notes on Ruyyaka.

1, 7. काचकाच्य perhaps means „a string of glass-beads". — 2, 2. Instead of पुष्यराग all lexicographers and editors write पुष्पराग and accordingly पुष्पराज. That this is wrong is proved 1) by the Çâradâ MS. which distinctly writes ष्य and not ष्प. In the Çâradâ alphabet it is impossible to confound these ligatures; 2) by Raghuvaṁça 18, 31 where alone पुष्यराग suits to the connexion; cfr. पौष्यां, पुष्यम् अपुष्यन् पुष्यः; 3) by the modern languages; Hindî पुखराज, Sindhî पुखिराजु Gujarâtî पुखराज, पोखराज, which point to पुष्यराज from which alone they are derivable. cfr. Maithilî पुख, पूख = Puṣya. Hence the Prâkritic form पुप्फराअ Mṛcchakaṭikâ p. 70, 25 is not correct. The MSS. have पुस्स (A) पुम्म (B) पुस्स (C) पुप्प (D) and the correct form is पुस्सराअ or पूसराअ. cfr. Vararuci 3, 58. Hemacandra 1, 43. Hindî, Bihârî पूस. But Pañjâbî पोह, Sindhî पोहु Gujarâtî पोस are to be referred to Skt. पौष. — रुधिराक्ष also Agnipurâṇa 245, 4. — From this passage it is evident that भीष्म is not simply = „Edelstein" (Böhtlingk, Wörterbuch) but „a certain kind of jewel", which I am unable to determine. It is not mentioned by *Garbe* (Die indischen Mineralien. Leipzig 1882) nor in the Agnipurâṇa Chapter 245. — 5. टूण्ढिका is not found elsewhere. — 14. समपटवास = „perfumed powder composed of several ingredients. cfr. Petersburg Dict. s. v. समागन्धक.

Bonn:
Printed by Charles Georgi.

www.ingramcontent.com/pod-product-compliance
Lightning Source LLC
Chambersburg PA
CBHW021937160426
43195CB00011B/1117
* 9 7 8 3 3 3 7 1 3 0 2 5 1 *